Elogios p

«*El Río* es una historia que t... a ti mismo y al mundo».

—Andy Andrews, ... del *New York Times* de *¿Cómo matar a 11 millones de personas?*, *La maleta* y *El regalo del viajero*

«*El Río* es una novela deliciosamente escrita por un talentoso comunicador. Michael Neale se ha valido con éxito de su habilidad para inspirar desde un estrado a la página escrita. La historia de *El Río* inspirará a quienes la lean a vivir la vida para la cual fueron creados».

—John C. Maxwell, fundador de EQUIP y de John Maxwell Company

«¡La historia de *El Río* es inspiradora y edificante! Alcanzando lo más profundo de tu corazón desde las primeras páginas, *El Río* y su elenco de personajes te llevan a un viaje que te cambiará la vida. Todos necesitan leerlo. ¡Creo que esta historia impresionará al mundo!».

—Dr. Tom Mullins, pastor fundador de Christ Fellowship Church en Palm Beach Gardens, Florida

«Realmente apasionante. Me sentí como si estuviera viviendo la historia y experimentando los sucesos cuando estos se desarrollaban; no podía dejar el libro. Michael Neale ha entretejido la maravilla y la sabiduría en una historia que continuará inspirando corazones en los años venideros. Lee este libro, te abrirá los ojos».

—Paul Baloche, letrista premiado y artista discográfico

«*El Río* es una historia cautivadora contada por un narrador magistral. Página a página, los personajes me atraparon para no dejarme ir. *El Río* despertó al aventurero que hay en mí. Es entretenido, desafiante, absorbente y hace reflexionar... No puedes leer *El Río* y quedarte impasible... A mi me impresionó».

—Jordan Rubin, autor del éxito de ventas del New York Times La dieta del Creador

«He escuchado a Michael Neale contar historias durante años. Estas me han alentado, edificado, hecho reír y brotar lágrimas de mis ojos. *El Río* hace eso y mucho más. Esta historia me atrapó para no dejarme ir. Creo que esta novela inspirará a muchos a conquistar sus miedos y ¡a vivir de verdad!».

—Dr. J. Todd Mullins, pastor principal de Christ Fellowship Church en Palm Beach Gardens, Florida

«*El Río* me conmovió profundamente. Me encontré fascinado por la belleza de la historia y totalmente inmerso en los personajes y en sus vidas. Creo que hay un pequeño Gabriel Clarke en cada uno de nosotros. Este libro es de obligada lectura en cualquier etapa de la vida».

—Bruce Koblish, presidente/CEO de The Worship Network

«*El Río* es una obra de arte. Michael Neale es un escritor con mucho talento. Me cautivó cada una de sus páginas. Me atrapó y ¡no pude dejarlo!».

—Lowell «Bud» Paxson, fundador de ION Television Network

EL RIO

EL
RÍO

UNA HISTORIA

MICHAEL NEALE

GRUPO NELSON
Una división de Thomas Nelson Publishers
Desde 1798

NASHVILLE   DALLAS   MÉXICO DF.   RÍO DE JANEIRO

Para información, contactarse con: THE RIVER EXPERIENCE, LLC 2550 Meridian Blvd, Suite 350 Franklin, TN 37067. (615) 373-2500

Para compromisos, contactarse con: events@theriverexperience.com
Para más información, visitar: www.theriverexperience.com

Editora en Jefe: *Graciela Lelli*
Traducción y adaptación del diseño al español: *Ediciones Noufront /
www.produccioneditorial.com*

ISBN: 978-1-60255-925-7

Impreso en Estados Unidos de América
12 13 14 15 16 BTY 9 8 7 6 5 4 3 2 1

A Leah Paige Neale, mi esposa, mi amor
y mi mejor amiga

Contenido

CONTENIDO

Una nota del autor

«Si te llegan historias, cuídalas. Y aprende a obsequiarlas allí donde sean necesarias. A veces una persona necesita más una historia que alimento para seguir con vida».

—Barry Lopez en *Crow and Weasel* [El cuervo y la comadreja]

SIEMPRE ME HA GUSTADO CONTAR HISTORIAS, ESPECIALmente a mis amigos y familia. Me encanta compartir la diversión de un acontecimiento increíble, la autocrítica de un paso en falso o la narración de una arbitraria conversación con uno de mis hijos. No hay nada como una buena historia.

Mi abuelo era un narrador estupendo. Yo acostumbraba a sentarme junto a su estufa de leña con una zarzaparrilla en la mano y le escuchaba contarme cosas acerca de su infancia. Él describía las penalidades de crecer durante la Gran Depresión, cómo solía construir dirigibles de

Goodyear y cómo su caravana personalizada siempre se averiaba en lo alto de los puertos de montaña en lo más crudo del invierno.

Nunca me importó si sus historias estaban basadas en hechos o en ficción. Simplemente adoraba perderme en la magia de sus palabras. Era como si yo también pudiera experimentar aquellas aventuras y relaciones, aunque solo tuviera ocho años.

La historia que estoy a punto de contarte está inspirada por un *collage* de acontecimientos, conversaciones y sucesos de mi vida y de la vida de mi familia. Creo que aquí también vas a encontrar algo de tu historia. No estoy seguro de cómo sucede eso, pero siempre pasa.

Michael Neale
2012

De una entrada en un Diario

Me encanta venir al Río.

El Río es mágico. Está lleno de maravillas y de misterio. Durante miles de años, el Río ha ido esculpiendo su camino a través de la Tierra. A medida que el agua se derrama sobre el paisaje, se estrella contra la orilla y cae en cascada sobre las rocas, todo cambia en su camino. El terreno, los árboles e incluso la fauna y la flora: el Río lo modela todo. Todo en el cañón está a merced del Río.

El Río es salvaje, libre e indomable. Es espumoso, retorcido y atronador. Hay lugares en los que el agua se abate sobre grietas y cañones y crea este asombroso estruendo, y después hay sitios en los que el agua se acompasa en piscinas de calma absoluta. Hay tranquilos remolinos allí donde el lecho del río es llano y no hay pendiente, donde el agua refleja las hermosas montañas que rodean el paisaje. Me encanta estar con el Río.

El Río está vivo. El Río es eterno y se mueve por todo el mundo.

Me siento atraído hacia el Río. Con su belleza y poder, el Río me llama. Podemos conocer al Río, pero nunca del todo. Ahí reside el misterio. El Río tiene voz, y adoro cómo suena. Cuando estoy con el Río, sé que estoy donde debo estar. Toca algo profundo dentro de mi alma. Me conecta a una historia mucho más grande de un modo indescriptible. Podría pasarme incontables horas solo mirándolo y escuchándolo.

Desde que era pequeño siempre me ha fascinado y cautivado el Río. Ciertamente es hipnótico. El agua me habla. Ya sea que esté saltando sobre las piedras en un calmado remolino o sintiendo el trueno de una catarata, cuando estoy con el Río me siento vivo.

En mi vida he experimentado el Río de muchas formas. No siempre he entendido esas experiencias. Lo que diré es que el Río me ha permitido sentir el más profundo dolor y me ha dado las mayores alegrías.

Debo confesar, sin embargo, que han habido momentos en los que he estado enojado con el Río. Parece que eso no importa. También le he temido, pero de algún modo el Río sigue tirando de mí. Soy una pequeña gota comparado con sus imponentes aguas, pero aun así el Río parece completamente consciente de mí en una especie de camino trascendental. Ya me mostrara indiferente, distante o celosamente resentido, el Río nunca dejó de llamarme.

He visto el Río desde lugares altos en las montañas donde no se podía escuchar el movimiento de las aguas. Las vistas me recordaban a un suntuoso Monet colgado en la pared.

Me he sentado en la ribera y he escuchado el dulce fluir del agua, susurrándome al igual que una madre calma a su hijo para dormir. He vadeado en los remolinos tranquilos donde el agua fresca cae sobre los dedos de mis pies, masajeándolos y tonificando mi piel.

Bajar flotando los suaves rápidos sin una balsa es como ser llevado en los brazos fuertes de un padre. El amor echa fuera todo temor mientras te elevas a través del cañón. Sientes aventura y seguridad al mismo tiempo.

He saltado sobre las rocas en el agua cristalina. He pescado con mosca en los más hondos desfiladeros y, mejor aún, he descendido monstruosos rápidos en kayak en imponentes cañones a lo largo y ancho del mundo. Sin embargo, sigo aprendiendo a confiar en el Río, porque no sé todo lo que las aguas me deparan.

Pero sí sé esto: no puedo vivir sin el Río. Aún tengo miedo, pero me atrae. Me asombra, pero estoy en casa. De algún modo, en lo más profundo, siento que el Río sabe que estoy aquí. No puedo explicarlo. Simplemente lo sé. Nunca me ha abandonado y yo jamás le dejaré. Soy cautivo y libre en esta hermosa danza de corazones.

De mi viaje puedo decirte esto: cuanto más experimentes el Río, más querrás permanecer a su lado. Cuando experimentas el Río, entonces vives.

Gabriel Clarke
7 de noviembre de 1979

Prólogo

DE VEZ EN CUANDO CONOCES A ALGUIEN QUE SIMPLEMENTE cambia tu vida. Una conversación o interacción tan profunda que parece de otro mundo. No puedes sacarte su historia de la cabeza y del corazón.

Es difícil explicar cómo las historias impactantes pueden influir en nosotros en muchos niveles, pero a menudo es debido a su forma de comunicar con pasión, angustia o incluso gozo. Tal vez sea la forma en que, sin saberlo, llegan al fondo de nuestro corazón con sus palabras.

Yo no creo que estos encuentros sucedan por casualidad. Pienso que hay una razón, aunque jamás entenderemos el entramado completo del tapiz de nuestra vida en este lado de la eternidad. Yo tuve un encuentro así con alguien. Me conmovió hasta el alma, tanto que sentí la necesidad de compartirlo contigo. Seguiré compartiéndolo mientras haya un aliento de vida en mí. Para las siguientes páginas, me gustaría que agarrases una taza de café (o un refresco), te sentases y me dejases contarte una conversación que mantuve con un hombre llamado Gabriel Clarke.

Todo empezó cuando regresaba a Nashville desde la Costa Oeste. Mi primer vuelo desde Los Ángeles aterrizó en Denver a las 6:30 de la tarde de un jueves, cuando ya la actividad en el aeropuerto iba decayendo. Yo estaba exhausto después de dos días de innumerables reuniones, sin apenas descansar (no duermo bien lejos de casa) y agotado del viaje.

No sé si es por los aviones, pero la única forma en que puedo describirlo es que volar me hace sentir maloliente, sucio y necesitado de una limpieza dental. Bajé de mi primer vuelo desde Los Ángeles y me aproximé al monitor para ver desde qué puerta de embarque salía mi vuelo de enlace.

De acuerdo a mi itinerario, tenía unos cincuenta minutos hasta que mi vuelo a Nashville despegara. El monitor decía otra cosa. Como un ciervo mirando fijamente unos faros que se acercasen, me quedé pegado a la pantalla, con la esperanza de que mi mirada feroz de forma sobrenatural cambiara el mensaje de «RETRASADO» a «EMBARQUE».

Desgraciadamente, eso no ocurrió. Después de una rápida visita al baño, hice el camino hasta mi nueva puerta de embarque, esquivando los carritos que llevaban a los ancianos y haciendo lo imposible por ignorar los molestos pitidos. Cuando llegué, descubrí que mi vuelo no estaba retrasado: estaba *cancelado* por motivos técnicos con el aparato.

No había mucho que pudiera hacer aparte de ponerme en la cola de soliviantados pasajeros esperando para hablar con la agente de tráfico. En un tono indiferente que decía «olvídelo», la chica me explicó que mi única opción era realojarme en otro vuelo que salía a las 10:50 de la noche.

Hice algunos cálculos rápidos. Con el cambio de hora, eso me situaría en mi cama en nuestra pequeña granja a cuarenta y cinco minutos de Nashville sobre las tres de la madrugada. Qué bien. Me *encanta* volver a casa, pero no en mitad de la noche, cuando tengo que ir caminando de puntillas como un ladrón, intentando que nuestros labradores de color chocolate no despierten a los niños.

Tomé una gran bocanada de aire y me resigné a mi destino. Tenía una cita de tres horas y media en la Terminal C en Denver, no había otra opción. Busqué un rincón tranquilo donde pudiera pasar el tiempo leyendo y escuchando música. Era una oportunidad poco común de hacer una pausa, así que decidí aprovecharla al máximo.

Unas ocho puertas más abajo, encontré una sección entera donde la luz era tenue, las pantallas planas de televisión estaban apagadas y las puertas de embarque estaban cerradas. No había nadie a la vista. Busqué el mejor sitio y me agencié una fila de asientos en la esquina trasera, junto a las ventanas que daban a la pista. Llamé a mi esposa e hijos para decirles buenas noches y darles la noticia de que no les vería hasta la mañana.

Después de decirnos adiós, de inmediato alcancé mi iPod, enchufé los auriculares y me aislé del mundo para escuchar mi música favorita. Tenía una novela de espías que había empezado en el vuelo desde Los Ángeles, así que saqué mi descomunal edición en tapa rústica de la mochila, apoyé los pies en la silla que había frente a mí y comencé a leer. Después de diez páginas, sin embargo, mi dicha y mi soledad terminaron de forma abrupta.

Por el rabillo del ojo vi a un gran personaje caminando directamente hacia mí. *¿Quién demonios se está acercando? No es nadie a quien conozca de casa.* Mis pensamientos se revolucionaron. Como era de esperar, aquel hombre se dejó caer a dos sillas de mí y abrió una bolsa de lona que parecía contener tantos cachivaches de acampada y de escalada como para subir al Himalaya.

No podía creerlo. De todos los lugares del aeropuerto, ¿por qué tenía que sentarse justo a mi lado? Le ignoré, enterrando la cabeza en el libro, pero él siguió revisando su bolsa de lona, comprobando su equipo y manteniendo una conversación con él mismo.

Subí el volumen de la música, suspiré estentóreamente y regresé a mi libro, intentando enviar el mensaje de que quería estar solo. De refilón, me di cuenta de que no dejaba de mirar hacia mí una y otra vez. Podría asegurar que él tenía ganas de conversación, así que alcé la vista de mi libro y le dediqué al Hombre de la Montaña una media sonrisa.

Al menos medía un metro ochenta, y su constitución era como la de un jugador de rugby australiano. Una larga y desgreñada barba y un pelo rubio sucio y desaliñado se desbordaban por debajo de su gorro de punto verde olivo. Si tuviera que adivinar su edad, diría que pasaba de los cincuenta. Vestido con una raída camisa de franela a cuadros con las mangas arremangadas y pantalones cortos de color caqui, llevaba unas grandes botas de senderismo y gruesos calcetines térmicos enrollados en los tobillos. Tenía la piel curtida y morena y los ojos azul cristalino, y su rostro cansado estaba lleno de arrugas. Parecía recién salido de un documental del Discovery Channel.

El hombre mayor me miró y dijo algo. Yo no podía oírle debido a la estridente música que sonaba en mis oídos, así que me quité los auriculares.

—Perdone, señor. No podía oírle. ¿Qué quería?

—¿Vuelve a casa o sale de viaje?

No era una pregunta demasiado profunda.

—Regreso a casa —contesté deseando que mi escueta respuesta de tres palabras le enviara la señal de que no quería ser molestado.

Él no se rindió.

—Yo también. He estado fuera casi tres meses. Estoy listo para mi propia cama.

Se repantigó en su silla y se apoyó hacia atrás, mirando al techo. Pensé que tal vez nuestra conversación ya había terminado, lo que significaba que podía volver a mi libro y a mi música en paz.

Pero él volvió de nuevo su mirada hacia mí.

—¿Cuánto falta para que salga su vuelo?

En aquel momento supe que debía darme por vencido, así que cerré el libro y lo dejé en mi regazo.

—Tengo hasta las 10:30 —dije, y le conté lo que había sucedido con el vuelo cancelado a Nashville. Él me explicó que había llegado temprano para su vuelo matutino a la Costa Este.

A partir de ahí, intercambiamos la típica conversación trivial.

—¿De dónde es?

—¿Adónde se dirige?

—El tiempo es impredecible, ¿eh?

Lo de siempre. Pero con los hombres, una conversación introductoria nunca está completa hasta que preguntas «¿A qué te dedicas?».

Odio hablar de lo que hago, pero es parte del lenguaje masculino. Sentimos que podemos saber muchas cosas de una persona mediante lo que hace para ganarse la vida.

Así que me lancé.

—¿A qué se dedica? —pregunté con curiosidad.

Él dio algunos rodeos.

—Bueno, me gusta estar al aire libre, ya sabe —sonrió y me miró, satisfecho con la incómoda pausa.

—Bien, ¿y qué hay de ese viaje de tres meses que ha hecho? ¿Era por negocios o solo por placer?

—Oh, no —dijo con una risita—. No ha habido demasiado descanso en este viaje. Acabo de terminar el recorrido por los diez ríos más hermosos y peligrosos del mundo según el National Geographic. Cinco continentes, treinta mil quilómetros, un par de experiencias cercanas a la muerte, naturaleza salvaje, cientos de nuevos amigos y el viaje de mi vida —me miró por el rabillo del ojo—. Ha sido una locura —dijo con una media sonrisa demente.

La conversación se volvió fascinante. Descubrí que se llamaba Gabriel Clarke, la tercera generación de guías de aguas bravas. Durante las siguientes horas, Gabriel me obsequió con la historia de su vida, la legendaria historia de su origen, de la tragedia que le definió en su infancia, el triunfo de donde se encontraba ahora en la vida y lo que había superado. El modo tan enérgico en que contaba las cosas era como si aquella fuera la primera vez que se lo relataba a alguien.

Su pasión era contagiosa, y cuando terminó, me sentí agradecido por la interrupción aquella noche en el aeropuerto de Denver. Lo que estoy a punto de relatarte es su historia tal como me la refirió a mí. Si te pareces a mí, o a otros que han escuchado la historia de Gabriel, entonces jamás la olvidarás. Jamás volverás a ser el mismo.

Yo sé que jamás volveré a ser el mismo, nunca.

UNO

La gran caminata

1956

UN FRÍO DOMINGO DE SEPTIEMBRE DE 1956, JOHN CLARKE SE despertó al amanecer con la idea de salir de casa y disfrutar del aire libre. Era padre soltero, y como no había planificado que nadie cuidara de su hijo Gabriel aquel día, decidió tomar al pequeño y llevárselo de excursión al desfiladero Firewater, en el Río.

—¡Papá! ¡Más lento! —gritó el chico de cinco años con su voz aguda.

—Un poco más, chaval, y luego nos tomaremos un descanso —respondió su padre—. ¡Te va a encantar la vista cuando lleguemos! El abuelo me trajo aquí cuando yo tenía tu edad, y nunca lo he olvidado.

Quedándose sin aliento durante el tramo más llano del sendero, si bien animado, John continuó. Su punto de destino era una pintoresca y poco frecuentada panorámica sobre el Cañón Splash desde lo alto del río Whitefire. La mochila (repleta de muesli con chocolate, cecina casera, agua, material de primeros auxilios y chubasqueros) debía pesar como diez kilos.

—¡Papá! ¡Aúpame! —John se detuvo para esperar que Gabriel llegara a su lado y entonces, con un fuerte movimiento, alzó al chico sobre sus hombros para continuar el trayecto. Prosiguieron hacia la cima, padre e hijo unidos por su amor por la naturaleza salvaje.

Allí se sentía como en casa. John conocía todos aquellos caminos mejor que su propia casa. «Si pudiera, viviría a la intemperie todo el tiempo», solía decirles a sus amigos de vez en cuando. Con su metro ochenta y noventa kilos de peso, John era un tosco tipo de treinta y dos años, musculoso y fornido. Era fuerte como un roble debido a sus años escalando rocas y corriendo por el Río. Empezaban a aparecerle patas de gallo alrededor de sus ojos grises azulados. Con el pelo rubio rojizo cortado al estilo de los setenta, con su pavoneo añadido, era un hombre de pocas palabras con una sabiduría más allá de su edad.

La familia Clarke era la piedra angular de Corley Falls, Colorado. Su abuelo y su padre habían construido prácticamente la ciudad entera en la parte trasera de su hotel y su campamento de aventura de rápidos. John, siguiendo la tradición, había asumido el funcionamiento cotidiano, que incluía la formación para los guías de los rápidos. Desde hacía casi treinta y seis primaveras y veranos, el Campamento de Aventura Big Water les ofrecía a los excursionistas y navegantes una experiencia que no olvidarían en el río Whitefire. John Clarke repetía las palabras de su padre a menudo: «Nosotros los Clarke, fuimos creados para el río».

La temporada estival de rafting había concluido. Tan solo unos pocos avezados kayakistas recorrerían el Río durante aquella época, de modo que John tenía unos cuantos días libres entre las excursiones de senderismo guiadas y las clases que impartía en la Escuela para Guías Whitewater que su padre había fundado. Aquella semana habían tenido una inusual tromba de agua, así que el Río corría especialmente caudaloso.

El cañón y el bosque circundante eran imponentes, sobre todo en las primeras horas de la mañana. La niebla brumosa se levantaba lentamente, dando lugar a una sensación como si estuvieran caminando entre las nubes. Los pájaros gorjeaban una sinfonía polifónica, y se podían oler las píceas, los abetos y los pinos con llamativa potencia. Las ardillas correteaban alrededor, como si estuvieran jugando al «escondite inglés» mientras barrían por vez última el suelo del bosque en busca de nueces antes del invierno. En un momento dado, cualquier forma de vida silvestre podía hacer su aparición, incluyendo osos, lobos y ciervos, creando un lugar verdaderamente salvaje y mágico.

—¿Cómo de lejos estamos, papá?

—Faltan un par de campos de fútbol más —contestó su padre. John trataba de hablar sobre distancias en términos que su hijo pudiera visualizar.

Igual que una versión en miniatura de su padre, Gabriel era un chico achaparrado de cara redonda. Su lacio pelo rubio se balanceaba hacia atrás y adelante cuando caminaba, pero por lo general iba corriendo a todas partes. Tenía pestañas de sobra, y sus ojos azul celeste atraían a las mujeres allí donde su padre lo llevara. Por supuesto, a su padre le gustaba que así fuera.

Gabriel era inteligente, curioso y no hacía ascos a las travesuras. Sus preguntas surgían de la nada, y a menudo tiraban a su padre al suelo de la risa, o bien lo hacían rascarse la cabeza de asombro.

Durante aquella caminata matutina, sin embargo, las preguntas de Gabriel resultaban más dolorosas.

—¿Cuándo volveré a ver a mamá? Sammy Overton dijo que a lo mejor ella está enfadada. Jackson Wilbur dijo que las mamás son importantes porque necesitas tener una para haber nacido. ¿Podemos ir hoy a ver a mamá?

John quedó sorprendido por la aleatoriedad de las preguntas, lo que le rompió el corazón. Sabía que no sería por lo menos hasta el día de acción de gracias que Gabriel iría a ver a su madre.

Sin disminuir la velocidad, John enfiló el accidentado camino.

—Bueno, chaval, verás a tu mamá muy pronto. Ella no está enfadada contigo, Gabe. No vuelvas a pensar eso. Solo es que vive bastante lejos y le resulta difícil venir hasta aquí. ¡Eh! ¡Mira esas ardillas!».

John era consciente de que intentaba cambiar de tema, y le pesaba el corazón. La tristeza a veces acudía a él en oleadas. ¡Cómo deseaba que aún estuvieran juntos! Los sentimientos de desánimo conseguían aplastarle. Por lo general, se distraía con más trabajo.

John hizo descender a Gabriel de sus hombros con cuidado.

—¡Shhh! No las asustes.

Antes de que John pudiera quitarse la mochila, el niño ya la estaba revolviendo en busca de unos cacahuetes. Tomó unos pocos de una bolsa y se dirigió lentamente hacia la pareja de ardillas. Sin miedo, Gabriel tendió la mano con unos cuantos cacahuetes sin cáscara que descansaban en las yemas de sus dedos. Con cautela, ambas ardillas se acercaron con rápidos y nerviosos gestos, mirando de lado a lado. Parecían estar tratando de escabullirse con algo que no deberían.

—Mantén la mano firme —le aconsejó John.

Tomándose su tiempo, las dos ardillas agarraron un par de cacahuetes cada una y corretearon de vuelta al árbol.

—¿Has visto eso, papá?

—Ya lo creo. Has hecho nuevas amigas. Deberías ponerles nombre. —John subió la cremallera de su mochila

13

y la cargó de nuevo sobre sus hombros—. ¿Estás listo para subir a la cumbre?

Tomando un palo casi demasiado pesado para sostenerlo, Gabriel lo levantó como una espada, y con el grito de guerra más feroz que pudo articular exclamó:

—¡Vamos!

John lo cargó de nuevo sobre sus hombros y ambos retomaron su caminata hacia el mirador. Durante los siguientes cincuenta metros, todo lo que pudieron oír fue el sonido de las botas de John chocando contra el suelo. La niebla comenzaba a disiparse un poco. Gabriel se inclinó sobre el rostro de su padre y le dijo:

—Cacahu y Etes.

—¿Qué? —John dibujó una sonrisa perpleja en su rostro.

—Son sus nombres. Cacahu y Etes. Porque comen cacahuetes. ¿Lo pillas? Cacahu... Etes...

John se rio de buena gana.

—Esta va a ir al libro —dijo refiriéndose al diario donde llevaba un registro con los hitos, citas e historias de sus viajes con Gabriel.

Con las manos del niño descansando sobre la cabeza de su padre con completa satisfacción, siguieron adelante.

Ya podían oír el rugido del Río. El agua precipitándose por el cauce sonaba como una incesante ventisca: emocionante, aterradora y apacible, todo a un tiempo. John giró en un escabroso sendero que serpenteaba alejándose del Río hacia el bosque densamente poblado.

—El Río es por allí, papá —Gabriel señaló a su izquierda y detrás de sí —. ¿Por qué nos alejamos del Río?

—No te inclines hacia atrás. Lo pones más difícil de lo que es. —El padre se detuvo—. Tú solo espera, chaval. Un par de minutos más y ya verás.

El Río giraba bruscamente a la derecha, y tras pasar el recodo, los acantilados sobresalían creando la cascada más espectacular de la región del Cañón Firewater. Casi podían sentir al Río mover el suelo. El aire se encontraba brumoso por la aspersión.

Cruzaron el sector final de los árboles, y a medida que el camino se rizaba hacia su izquierda, fue como si se alzase el telón, mostrando el escenario por primera vez.

—¡Vaya! ¡Impresionante! ¡Mira, papá!

—Lo sé. ¿No es increíble, chico? —Bajó a Gabriel de sus hombros y luego se acercó a un árbol situado a unos tres metros de distancia de una pendiente irregular que daba a la orilla del Río.

—¿Ves este árbol, hijo? —John apoyó su mano sobre la corteza—. No puedes pasar de él. Es muy peligroso, y papá no quiere que caigas al Río. ¿Vale?

Distraído y mirando hacia el cañón, Gabriel asintió.

Con la mano sobre la cabeza de Gabriel, John le hizo girar como un títere, de manera que tuviera que mirarle a los ojos.

—¿Lo entiendes?

—Sí, papá.

Justo al otro lado del barranco, las paredes del cañón subían escarpadas. Estaban cubiertas de pintorescas rocas rojizas y cientos de píceas, abetos y pinos apuntando rectos hacia el cielo como gigantescos lápices. Las rocas habían ido desprendiéndose de las paredes del cañón durante miles de años para crear montañas diminutas a lo largo del caudal del Río.

Miles de litros de agua golpeaban la garganta cada minuto, cayendo desde una altura de tres pisos antes de llegar al primer nivel de la pila de rocas. El agua continuaba despeñándose tres niveles más, cada uno de ellos de unos tres metros de altura. En la parte inferior de las cataratas, el agua salpicaba en un movimiento circular masivo a causa de un agujero grande en el lecho del río. El efecto era como el de una gigantesca lavadora; sumidero era como lo llamaban los guías del Campamento de Aventura Big Water.

John se quitó la mochila y sacó un par de botellas de agua.

—Toma, muchacho. Bebe un poco de agua para mantenerte hidratado. A esta altitud el clima es bastante seco, y tu cuerpo necesita mucho líquido.

Ambos se sentaron en un tronco, y John desempaquetó algo de cecina casera.

Gabriel estaba mordiendo un pedazo cuando de repente anunció que quería meterse en el agua.

John se echó a reír.

—¡Te congelarías, chaval! ¡Esa agua está fría como el hielo!

—¡Pero parece divertido!

—Ya lo creo que es divertido, pero no con este frío ni con estas cascadas tan altas. Tal vez más abajo, que todo está en calma, dejaré que te mojes los pies. Quizá te enseñe a saltar las rocas.

John sacó una bolsa de cuero desgastado llena de canicas de época Bennington y las sostuvo. Al fondo, el rugir del Río era incesante.

—¿Listo para jugar?

—¡Sí! —gritó Gabriel.

John había heredado su gran colección de canicas de mármol antiguas de su abuelo. John despejó un lugar en la tierra y trazó un círculo para jugar.

—¡Esta vez voy a ganar, papá!

—¡Ja! ¡Ya lo veremos, muchacho!

Faltaban unos pocos minutos para las nueve de la mañana, y el sol ardía a través de una manta de nubes. Cuando John se agachó oyó voces en la distancia.

—¿Quién narices anda por aquí? —John miró por encima de su hombro hacia el Río—. ¡Quédate aquí! —ordenó.

John caminó rápidamente hacia el borde del precipicio, desde donde podía ver mejor río arriba. Las voces que gritaban de acá para allá eran intermitentes. No podía entender lo que decían, así que descendió por la ladera hasta una meseta que sobresalía por encima del Río. Mirando río arriba, divisó a un joven sentado en un kayak que se había atascado en un pequeño remolino junto a la orilla. Gritaba algo contra la corriente.

A John se le cayó el alma a los pies porque sabía lo que ocurría. Gritó para llamar la atención del hombre.

—¡No siga! ¡Hay cascadas! ¡No siga! ¡Cascadas!

El kayakista no podía oírle.

—¿Qué haces, papá? —Gabriel se puso de pie en lo alto del saliente.

—¡Quédate ahí! Tengo que bajar un poco más y avisarles. —Mirando a Gabriel, dijo categóricamente—: ¡Tú quédate ahí!

Apareció otro kayakista, pero estaba por lo menos a doscientos metros de donde se encontraba John. Obviamente aquellos chicos no conocían el terreno. Los rápidos eran de nivel VI. Aquella agua no era navegable, ese rápido no era practicable ni siquiera por los kayakistas más experimentados.

John sabía que eso significaría lesiones graves o la muerte de aquellos aventureros desprevenidos. Tenía la esperanza de que tendrían la prudencia de parar y explorar el terreno.

Acercándose más al Río, su corazón se aceleró por los peligros que aquellos dos hombres jóvenes enfrentaban. John se deslizó por una ladera pedregosa, apoyándose con el brazo izquierdo y frenando en una cornisa a unos seis metros del agua. Se quitó el chaleco de senderismo, y como un abanderado en la línea de meta de una carrera de coches, comenzó a agitarlo y a gritar frenéticamente:

—¡Peligro! ¡Peligro! ¡Peligro!

Vio al primer kayakista descender el Río. Esperando llamar su atención, continuó moviéndose y gritando. Por fin, justo antes del punto de no retorno, el kayakista miró hacia arriba y vio a John. Inmediatamente cambió de dirección y se dirigió hacia un remolino al otro lado del Río, saliendo de la corriente de agua principal.

John gritó:

—¿Hay más de los tuyos en camino?.

El kayakista afinó el oído y preguntó de nuevo:

—¿Qué? ¡Repítelo!

En aquel preciso momento, otro kayakista apareció por una curva del Río. El primero intentó llamar su atención mientras John volvía a agitar los brazos frenéticamente. El segundo tipo lucía una amplia sonrisa en su rostro e iba gritando y jaleando. Se quedó en el centro de las aguas agitadas a la vez que los rápidos se aceleraban y la pendiente del Río comenzaba a descender. Pasó junto a su amigo y entró en la corriente de la cascada. No había otro lugar hacia donde salir.

Se dirigía a las cataratas.

La primera caída fue de más de tres pisos de altura con rocas escarpadas a ambos lados. Después el agua se precipitaba encima y alrededor de una roca gigante en medio el

Río, solo para caer otros diez o quince metros más. En la parte inferior de la segunda caída había una grieta enorme en el lecho del Río, donde la agitación del agua creaba un sumidero inmenso.

En aquel momento, lo único que pudieron hacer tanto John como el otro kayakista fue mirar. El kayak amarillo pálido se lanzó a la primera gran caída y rápidamente desapareció bajo la niebla y el estruendo del agua. A John se le subió el corazón a la garganta. Pasaron unos segundos y, de repente, el kayakista salió a flote, aunque del revés, como un corcho de pesca.

John entró en acción. Trepó por la ladera para interceptar el kayak antes de la próxima sucesión de cascadas y rápidos. Alcanzó la orilla del Río cuando el kayak apareció flotando junto a él, todavía boca abajo, con el hombre atrapado bajo el agua, probablemente inconsciente tras la primera caída.

John miró hacia atrás a la ladera y vio a Gabriel aferrado a un árbol, observando el desarrollo de la escena. John le hizo un gesto.

—¡Vuelve, Gabe! ¡Vuelve!

Gabriel se quedó inmóvil, abrazando el árbol, sin dejar de mirar a su padre.

—Aguanta, hijo. ¡En un minuto estaré contigo! ¡Quédate ahí mismo! —John se dio la vuelta para ver el kayak golpeándose de refilón contra una roca del Río y sumergiéndose en la próxima caída. Pasaron largos segundos antes de que hubiera cualquier señal de él. Su amigo estaba atascado en el otro lado de la corriente, incapacitado para ayudar.

John se dirigió rápidamente a la parte inferior de las cataratas, a tiempo para ver el kayak emergiendo del agua espumosa. El kayak había sido aplastado bajo las cataratas e inmovilizado por el agua incesante, pero ahora, aún vuelto hacia abajo, flotaba hacia una roca del lado más cercano a John.

Las aguas, aún profundas y en rápido movimiento, presionaban el kayak contra la roca con una fuerza tremenda. John lanzó una mirada hacia la colina para ver a Gabriel mientras trataba de imaginar qué podía hacer. El kayakista podría tener una oportunidad de sobrevivir si pudiera tirar de él en los próximos segundos.

Aferrándose a un árbol con la mano derecha y estirando su pie izquierdo, casi tocó la punta del kayak. Su plan era desencallar el kayak de la roca y tirar de él en aguas más tranquilas. Se inclinó, pero el kayak estaba demasiado lejos. John tomó una rama seca y golpeó el kayak, pero la fuerza del agua era demasiada para moverlo. Sin chaleco salvavidas, sabía que tenía que andar con sumo cuidado.

—¡Pa-pá! ¡Pa-pá! —John escuchó la débil llamada de Gabriel, pero estaba concentrado en el kayak. No podía soportar ver morir a un hombre delante de él. Debatiéndose entre quedarse en la orilla o arriesgar su vida en el rescate, mientras los preciosos segundos hacían tictac y dirigía una última mirada a Gabriel, John saltó sobre el kayak, abrazándose a él como un oso, pero luchando para agarrarse. Trató de empujar el kayak con una patada sobre la roca, lo suficiente como para hacer que la rodeara.

La llamada de Gabriel se convirtió en un grito:

—¡Pa-pá! ¡Vuel-ve!

Tras unos momentos de lucha, John no pudo sujetarse más. Dio una honda bocanada de aire y se hundió bajo el agua azul verdosa. En unos segundos, se impulsó con otra roca del fondo del Río y el kayak se soltó. La lancha se enderezó y rápidamente flotó aguas abajo. Entonces, su mundo se oscureció.

—ⱷⱷⱷ—

Los segundos se convirtieron en minutos. Gabriel no sabía cuánto tiempo había pasado, pero su padre no salía a la superficie.

Gabriel le gritó más fuerte a su padre:

—¡La barca está libre! ¡Ya lo tienes! ¡Papá! ¡Ya lo tienes!

El primer kayakista había salido de su kayak y descendía a gatas por la orilla del Río hasta la parte inferior de las cataratas. Llegó junto a su compañero, que se veía morado e inerte.

Lo sacó rápidamente, lo echó sobre una roca y comenzó a hacerle la respiración boca a boca para reanimarlo.

Gabriel lo vio todo. Su mente de cinco años no podía comprender cuánto tiempo un hombre era capaz de sobrevivir bajo el agua. Continuó aferrado al árbol, llamando a su padre.

—¡Papá! ¡Ellos ya están! ¡Ya puedes salir!

Centró su atención río abajo, donde el hombre cuidaba del kayakista inconsciente. Tal vez su padre estaba nadando y aparecería allí.

Pero nunca lo hizo.

Su padre nunca regresó.

Su padre se había ido. Su héroe simplemente desapareció.

Se acabaron los juegos de canicas. Sin un adiós. Sin abrazos.

Simplemente desaparecido.

DOS

La vida en Kansas

1959

—¡VAMOS, GABRIEL! ¡EL DESAYUNO ESTÁ LISTO!

El olor a bacon frito y huevos saturaba el módulo de una habitación alquilado adyacente a la parte trasera de una vieja casa en Cairo, Kansas. Viviendo en una granja, Maggie y su hijo, Gabriel, comían mucho bacon con huevos.

La granja pertenecía a Earl y Vonda Cartwright, quienes eran muy generosos con la joven madre y su hijo. Su granja de finales de siglo pasado, de un sucio color blanco, estaba asentada en el centro de 45 hectáreas de campos de maíz. Hasta donde alcanzaba la vista se extendían campos llanos de tallos de maíz maduro que crecían entre dos y tres metros de altura. Además de contar con un jardín con filas alineadas de lechuga, pepinos y tomates, los

24

Cartwright tenían algunas vacas lecheras, varios cerdos y un gallinero abarrotado con treinta y seis gallinas que producían docenas de huevos cada día. Vendían sus huevos y vegetales sobrantes en el mercado de la ciudad un par de veces por semana.

Cada pocos días, el señor Earl —como Maggie y Gabriel le llamaban— les iba dejando una bolsa de papel con verduras y un cartón de huevos en la puerta. Un par de veces al mes, podía ir un pollo entero en la bolsa de la compra también. De no ser por la amabilidad de los Cartwright, la despensa de Maggie se vería vacía la mayor parte del tiempo. Sus propinas del restaurante Cairo eran escasas y apenas cubrían sus necesidades básicas de alimento y refugio o la gasolina para su camioneta Ford de 1952.

El modesto espacio detrás de la casa principal tenía su propia entrada, una pequeña cocina con fregadero, un salón de 3x3, un dormitorio y un baño. El lugar era minúsculo, pero suficiente para ellos dos.

A las seis y cuarto de la mañana, Maggie oyó a Gabriel despertarse. El pequeño tenía ocho años. Fue a la habitación que compartían justo cuando él salía del diminuto catre cubierto por un desgastado edredón de retazos. Vestido con un par de desteñidos pantalones de pijama a cuadros escoceses quince centímetros demasiado cortos y una descolorida camiseta que estuvo a punto de destrozar durante el último año, Gabriel salió a trompicones de la habitación y se sentó a la mesa. Su desaliñado pelo rubio se encontraba enmarañado como la paja que había en el granero del señor Earl, y sus ojos estaban hinchados debido a otra noche de sueños llenos de lágrimas.

Su madre mantuvo un trasiego continuo mientras preparaba el desayuno.

—No tenemos mucho tiempo, nene. Tienes que comer. Salimos para la escuela dentro de muy poco. ¡Oye! ¿Qué te parece si horneo un pastel para ti esta tarde? Puedes ayudarme... y lamer el batidor.

Comprobó si su rostro había cambiado. No lo había hecho.

—Ah, la mamá de Sammy me dijo en el restaurante que los chicos van a ir hoy a pescar de nuevo al estanque. Deberías unirte a ellos. ¿No te parece que sería divertido?

El estanque local era uno de los lugares favoritos de los chicos del pueblo. Ya fuera para ir a pescar o a nadar en un caluroso día de verano, pasar el rato bajo los árboles o construir fuertes hechos con ramas caídas, si eras un niño que vivía en Cairo, conocías la existencia del estanque. Gabriel no respondió y siguió comiendo sus cereales. Frustrada por su incapacidad para conectar, ella le preguntó:

—¿Por qué no quieres ir a divertirte con los demás niños?

No obtuvo respuesta.

Secándose las manos en el delantal, se arrodilló junto a él. Gabriel seguía concentrado en los copos de maíz, como si ella no estuviera presente.

—Cariño, tienes que divertirte un poco. ¡Vete a jugar! Quiero que vayas con los chicos.

Movió la cabeza lentamente, tomó su último bocado, salió disparado hacia el cuarto de baño y cerró dando un portazo.

—¡Gabe! —Pegó la oreja a la puerta del baño—. Todo va a ir bien. Te vas a divertir mucho —dijo con un temblor en la voz. Golpeó con los nudillos en la puerta del baño—. ¿Gabriel? ¡Gabriel! —dijo—. Está bien, cariño, ya veo que estás en tu lugar secreto.

—Hizo una pausa y respiró hondo—. Vale.

Hoy sería uno de esos días complicados. Sin saber seguro qué hacer a continuación, oyó un golpe suave en la puerta y alzó la vista para ver a la señora Vonda tratando de mirar a través de la polvorienta puerta de tela metálica. Por lo general poco sociable y tranquila, era un mujer menuda pero redonda que rondaba los setenta, de mejillas sonrosadas, pelo entrecano recogido en un moño y cordial disposición. Maggie siempre la encontró reservada pero amable.

Aquella mañana en particular, llevaba uno de sus dos vestidos de granja azul claro cosidos a mano. Llevaba uno durante la semana para las tareas de la granja, y el otro lo reservaba para ir a la iglesia los domingos.

—Traigo un poco de leche fresca de Vaca Pequeña. —Sus vacas lecheras no tenían nombre. Se las conocía como Vaca Grande y Vaca Pequeña. Maggie trató de serenarse un poco a medida que se acercaba a la puerta.

—Buenos días, señora Vonda. —Se secó los ojos llorosos.

La señora Vonda siempre parecía tener una sonrisa en su rostro.

—¿Tienes comida suficiente? —Esa era la respuesta de la señora Vonda para todo. Le encantaba cocinar.

—Estamos bien —dijo Maggie—. Gracias de todas formas.

Hubo una pizca de pausa incómoda hasta que la señora Vonda preguntó tiernamente:

—¿Está en su lugar secreto?

Maggie no pudo soportarlo más y se echó a llorar.

—¡No sé qué hacer! ¡Solo quiero ver a mi hijo mejorar! Está teniendo esos terribles sueños otra vez. En los peores días apenas dice dos palabras seguidas. Solo quiero que sea un chico normal. ¡Quiero que viva, que viva de verdad! No puedo aguantar esto mucho más.

—Venga, venga, Maggie. Mañana irá mejor. Deja que te ayude con los platos.

En sus días buenos, Gabriel podía conversar más y parecía escapar de cualquier miedo y pensamiento que le atormentara. Le gustaba especialmente que el señor Earl le paseara en su tractor rojo, pero eso solo ocurría en ciertos momentos del año.

Durante los días difíciles, sin embargo, no quería hablar. En cambio, iba a retirarse a su «lugar secreto», un lugar que solo existía en su mente, donde se recobraba cada vez que tenía miedo o se ponía triste. Físicamente, podía estar en la habitación que él y su madre compartían, o en el cuarto de baño, o sentado en el gran tractor rojo dentro del granero. Aquel era su lugar favorito, y podía pasarse horas merodeando alrededor del tractor durante los días malos. El lugar secreto era su refugio seguro, una burbuja en la que podía sobrevivir a los recuerdos de ver morir a su padre y a los grandes sentimientos de pérdida y abandono.

Había estado viviendo con su madre durante casi cuatro años desde que el Río se llevó a su padre. Antes del accidente, Maggie únicamente lo veía en época de vacaciones, cuando su padre le llevaba a verla.

Ahora solo estaban Maggie y Gabriel, y ella se daba cuenta de que aún había un tremendo agujero en su corazón. Los recuerdos del tiempo pasado con su padre eran pocos pero fuertes. Gabriel hablaba sobre su padre instruyendo a los novatos antes de su primer descenso por los rápidos o relatando sus hazañas durante la cena. Ante todo, Maggie sabía que él recordaba lo fuerte que era cuando le levantaba con un único brazo y decía: «¿Cómo has logrado crecer tanto?».

Maggie y John habían tratado de hacer que su relación funcionara, pero ella era demasiado joven y no se sentía preparada. Se suponía que Gabriel no debía ocurrir, pero una noche de pasión se convirtió en una pequeña vida de la que ella no podía cuidar. Estaba aterrorizada, y ocho meses después del nacimiento de Gabriel, le dejó al cuidado de su padre. Huyó de Colorado y se mudó a Kansas, de donde ella era.

Cuatro años después, ella había madurado considerablemente y lamentaba haber abandonado a su hijo. Se preguntaba si habría alguna forma de reconciliarse con su familia. Pero la horrible noticia de la muerte de John lo cambió todo, y aunque ella había anhelado estar con su hijo, algunas veces la responsabilidad de criar a un niño marcado por la pérdida de su padre la abrumaba. Oleadas de culpa se apoderaban de ella a diario, y tenía preguntas que la perseguían sin descanso.

¿Qué hubiera pasado de haberme quedado?

¿Por qué huí?

¿Por qué tuvo que morir?

El arrepentimiento llenaba su corazón. ¿Hubieran cambiado las cosas de haber estado juntos aquel fatídico día? ¿Seguiría vivo John?

Nunca estaba segura de lo que hacer con Gabriel. No hablaba mucho, ni siquiera en sus mejores días. Estaba triste la mayor parte del tiempo. Apenas llegó a la escuela, se negó a jugar al béisbol o a ir al estanque con los chicos. Gabriel tenía miedo de su propia sombra, era un chico tímido y vergonzoso que se despertaba llorando en mitad de la noche pero sin decir nunca por qué. Ella sabía que seguía traumatizado por el accidente, pero no podía apartarle de aquel espacio oscuro donde parecía estar viviendo. Ver a un niño tan pequeño estar tan deprimido parecía antinatural, y eso le pesaba a Maggie cada minuto de cada día. Estaba encerrado en una especie de prisión emocional, y no podía encontrar la llave.

Pero Maggie había llegado a amar a su hijo con todo su corazón, y jamás se daría por vencida.

Después de terminar con los platos, la señora Vonda dijo:

—Creo que voy a ir a recoger algunos huevos. Luego te llamo.

Maggie se dirigió de nuevo a la puerta del baño.

—Gabe... cariño... tenemos que ir a la escuela. No puedo llegar tarde al trabajo otra vez.

No hubo respuesta. Abrió la puerta sin cerrojo y encontró a Gabriel sentado en el suelo con la espalda contra el viejo grifo de la bañera. Sus pequeños brazos envolvían sus rodillas, entre las que se alojaba la barbilla. Tenía la vista fija en el suelo, desconsolado.

Maggie se acercó y se sentó a su lado. Los bordes de sus ojos estaban enrojecidos. Estuvieron sentados en silencio durante un par de minutos, y entonces ella alargó la mano y le dio unas palmaditas en el brazo izquierdo con suavidad.

—A mí también me gusta ir a mis lugares secretos. Vamos a salir de esta, cariño. Vamos a salir de esta... venga.

Se incorporó, puso las manos debajo de los brazos de él y le ayudó a ponerse de pie. Por lo general, cuando llegaban los días difíciles Maggie acababa enfadándose porque no

31

encontraba la manera de ayudarle. Aquel día, sin embargo, tenía una cantidad de paciencia poco habitual. Caminó con él hasta el dormitorio y le ayudó a prepararse para la escuela. Después de que él se vistiera, regresaron al cuarto de baño, donde ella le lavó la cara con un trapo húmedo y le ayudó a peinarse.

Ella retomó su conversación en solitario:

—Quizá hoy consigas sentarte al lado de esa niña tan guapa, Jenny... ¿Quieres que le pregunte a tu profe sobre eso?

Por fin consiguió una pequeña sonrisa de Gabriel, lo que le dio la esperanza de que a lo mejor aquel día pasaría de ser un día duro a uno mejor.

—¿Por qué no te vas a jugar a las canicas mientras me preparo?

Gabriel tenía una bolsa de cuero desgastado llena de viejas canicas Bennington con las que solía jugar con su padre. Las guardaba debajo de su catre. Le gustaba ordenar su colección según el color y el tipo. Lo sabía todo acerca de los diferentes tipos de canicas: de alabastro, lecheras, chinas, ojos de gato y las de trébol. Jugar con canicas le recordaba a su padre, y parecía que eso le hacía sentir bien.

Finalmente, mientras su madre se dirigía hacia el baño, Gabriel rompió su silencio.

—Tal vez podría ir al estanque después de la escuela. A lo mejor quieren jugar a las canicas. ¿Puedo llevar mis Benningtons? Seguro que les gustan.

Maggie levantó las cejas. Apenas podía contener su alegría.

—Ah... sí, estoy segura de que jugarían a las canicas contigo. Iremos directos después de la escuela, ¿de acuerdo?

Cerró rápidamente la puerta del baño y rompió a llorar. Esta vez eran lágrimas de alivio. Tal vez habían superado la crisis. Tal vez esto ayudaría a Gabriel a salir de su caparazón. Tal vez una visita al estanque le ayudaría a revivir.

Ella no sabía mucho de religión, pero levantó la vista hacia el techo y susurró una y otra vez:

—Gracias, gracias, gracias.

TRES

El estanque

AQUEL VIERNES POR LA TARDE LA ESCUELA ACABÓ A LAS 3:20 p.m. Al menos un par de docenas de muchachos se dirigían al estanque, algo que hacían todos los viernes hasta que llegaba el invierno. Situado a poco más de un kilómetro y medio al sur de la Calle Principal, el estanque estaba rodeado en tres lados por tallos de maíz maduro, y en el cuarto por dos álamos que, por lo menos, alcanzaban veinticinco metros de altura. Los árboles eran ideales para escalar, y daban una sombra increíble. Los maizales estaban madurando bajo aquel bochornoso día de mediados de septiembre, con la cosecha justo empezada.

El año era 1959. Pasaban muchas cosas a la vez en el mundo. Aviones de pasajeros transportaban gente a través del océano. La NASA acababa de lanzar al primer mono al espacio, un mono ardilla llamado Baker. La película *Ben-Hur* estaba siendo proyectada en Panavision de 70 mm en las grandes ciudades, y algunos habitantes de Cairo hacían el trayecto de dos horas y media hasta San Luis y pagaban la espléndida suma de un dólar por entrada para ver el gran éxito de taquilla.

Por lo general, aquel tipo de cosas urbanitas no importaban mucho en Cairo. Todo en aquel pueblo agrícola de doscientos cincuenta habitantes giraba en torno al maíz, el almacén de piensos y semillas, la iglesia el domingo y el restaurante Cairo. Cairo era tranquilo, apacible y seguro. El crimen era casi inexistente. De vez en cuando, se oía que Jimmy Bly había sido sorprendido robando chicles de un centavo del Five & Dime, pero eso era todo. El rumor que corría era que a Jimmy ni siquiera le gustaban los chicles. Él sustraía chicle para tener un poco de aventura en su vida.

Granjeros de piel curtida con pantalones vaqueros y camisetas blancas con manchas holgazaneaban en el restaurante a última hora de la tarde, disfrutando de una taza de café y de los últimos chismes. Por lo general la conversación se articulaba en torno a cómo se veía el rendimiento de maíz, a lo que el hombre del tiempo en la radio KMOX predecía, o de lo bien que las vacas estaban produciendo. De vez en cuando, hablaban también de las averías de sus tractores.

Durante el verano, el estanque era el lugar donde había que estar para las carreras de natación, combates de lucha libre en el barro y mucha, mucha pesca.

Para llegar hasta allí, algunos niños tendrían que caminar. Otros montarían en sus bicicletas. A algunos de los muchachos les acompañarían sus madres y regresarían a casa andando a la hora de cenar. Estaba el «Pequeño Will» Rambling, de seis años.

Era chico, pero luchador. Un pecoso pelirrojo alborotador que empezaba las peleas con los mayores solo para comprobar si podía batirles.

James Roy Holly era el pescador experto de diez años. Era tranquilo, amable y reacio a entrar en las partidas de lucha libre. Todo el mundo veía cómo pescaba, porque siempre era el que pescaba más.

Por supuesto, Jimmy Bly era uno de los líderes. Era mayor y hablador... un absoluto narrador. No tenía conocimientos académicos, pero sabía cómo funcionaba el mundo. O al menos eso pensaba. Inventaría juegos para que todo el mundo jugara. La leyenda decía que Jimmy, que contaba doce años de edad, besó una vez a una chica detrás del granero abandonado en los límites de la ciudad.

J. J. Hopper se nombró a sí mismo General J. J. Era el payaso del pelotón. Haciendo honor a su metro y medio de altura y a cada gramo de sus 90 kilos, las mejillas de J. J. siempre sobresalían hacia fuera como las de una ardilla gigante, con la boca rellena de caramelos. Podía enfrentarse a dos o tres niños en los combates de lucha libre, pero sus aventajados oponentes de bajo peso siempre terminaban suplicando misericordia. Todo el mundo quería al General J. J.

El estanque era lo que todos los chicos esperaban: un lugar donde ellos estaban al mando. No había chicas de las que preocuparse ni padres que les ordenasen hacer las tareas domésticas. Durante unas pocas horas cada viernes, eran parte de una pandilla y miembros de una hermandad.

Maggie vio a Gabriel saliendo de la escuela, balanceando su bolsa del almuerzo y dando brincos. Con la cabeza alta y una sonrisa en su rostro, parecía que su día había mejorado.

Vistiendo sus zapatillas favoritas de tela negra con la punta blanca, unos viejos vaqueros de Five & Dime y su camiseta preferida con un tractor John Deere que el señor Earl le regaló, Gabriel corría hacia la camioneta de su mamá.

—¡Hola, cariño! —dijo Maggie—. ¿Has tenido un buen día?

Tirando de la empuñadura de la puerta tres veces hasta conseguir que se abriera, Gabriel respondió:

—Hola, mamá. Hoy la señora Chesley me ha dejado enseñar a la clase mi colección de canicas. Les gustó mucho.

—¡Muy bien, hombrecito! —Puso la palanca de cambios en primera, soltó el rígido embrague y salieron traqueteando de la escuela.

—Te he traído una camiseta vieja para llevar al estanque. ¿Tienes hambre? Hay un sándwich de manteca de cacahuete también. —Maggie esperaba que aquel fuera el día que pondría fin a los días difíciles.

—Quizá podríamos ir a casa. Estoy un poco cansado.

Su expresión había cambiado. Maggie contuvo su primera reacción, que era presionarle o convencerlo de que todo iría bien. Aprendiendo de sus intentos en el pasado, sabía que cualquier reacción de su parte solo llevaría a Gabriel a profundizar en su propio miedo e inseguridad. Simplemente se quedó callada.

Gabriel rompió el silencio.

—Decían de hacer carreras de natación, pero yo no quiero hacer eso.

—Tal vez podrías enseñarles a jugar a las canicas —ofreció Maggie—. Podrías ser el primer joven en organizar torneos de canicas en el estanque.

Gabriel miró y sonrió un poco.

—¿Tú crees?

—Claro que sí. Volveré más tarde y veré cómo estás. Además, Jimmy estará allí. Te gustan las historias de Jimmy, ¿verdad?

Gabriel respiró hondo y asintió con la cabeza. Jimmy siempre era amable con él, y era lo más parecido a un amigo que tenía. Cuando llegaron a las afueras del pueblo, Maggie dobló la vieja carretera de tierra que los llevaría al estanque. No podía verlo a causa de los altos tallos de maíz, pero no tenía dudas con los altísimos álamos.

Cuando salían del camino, oyó las voces agudas de los niños que ya habían llegado. Gritaban y reían. Gabriel había terminado de comer la mitad de su sándwich de manteca de cacahuete, y empezó a abrir la puerta.

—Espera, cariño. Mírame aquí. —Maggie se lamió el pulgar y comenzó a limpiarle la manteca de cacahuete alrededor de la boca—. No te olvides de tus canicas.

Gabriel alcanzó su mochila y sacó un gran tarro con sus canicas favoritas.

—Nos vemos en un rato, mamá.

—Está bien, nene. Ten cuidado.

Gabriel salió de la camioneta y se dirigió por el camino entre los tallos de maíz. Justo antes de perderse de vista, Maggie gritó:

—¡Diviértete, Gabe!

En su interior, ella estaba emocionada porque él iba a estar jugando con otros chicos, pero también estaba muy preocupada. Le vio tomar cada paso del camino hasta que desapareció detrás de las cañas de maíz.

Cuando Gabriel llegó cerca del estanque se agazapó nervioso entre los tallos de maíz y se asomó a través de ellos para ver a los chicos. Algunos estaban escalando las extremidades inferiores del álamo más grande, y dos niños estaban nadando y salpicándose el uno al otro.

James Roy Holly y un compañero de pesca habían traído sus palos de caña de azúcar y estaban poniendo cebo en sus anzuelos. El General J. J. tenía problemas con su bici: su cadena parecía rota. Siguió pateando la bici y soltando tacos.

Gabriel sabía que no pertenecía a la pandilla. No estaba seguro de cómo integrarse. Oyó voces de varios niños acercándose. Se agachó en el interior de la espesura de tallos de maíz con la esperanza de que no le vieran.

Le vieron de todas formas.

—Gabriel, ¿eres tú el que estás ahí? —La voz pertenecía a Dickie Colter, un sabelotodo de ocho años de edad que se chivaba constantemente.

—Eh, chicos, ¡mirad! ¡Gabriel se está escondiendo en el maíz! ¿Tienes miedo o algo? ¿Tratabas de espiarnos? ¡Creo que deberíamos pillarle, chicos!

Gabriel se quedó inmóvil, aterrorizado ante lo que podría suceder.

—Cállate, Dickie —dijo una voz ronca con total naturalidad. Era Jimmy Bly—. Sal, hombre. Habla por hablar. ¡Vamos a pasarlo bien!

Jimmy le indicó que le siguiera, y eso fue todo lo necesario. Al instante, Gabriel formó parte de la pandilla. Su miedo desapareció y sintió renacer su valor.

Salió a trompicones de entre los tallos de maíz con su jarra de canicas y se colocó detrás de otros cinco chicos siguiendo al gran Jimmy Bly.

Cuando llegaron al estanque, Jimmy gritó:

—¡Todos a reunirse! Tenemos un evento especial para hoy. ¡Tenemos un torneo de zarzaparrilla!

Metió la mano en el bolsillo de su pantalón vaquero y sacó dos puñados de caramelos en forma de lata de zarzaparrilla y los colocó en la parte superior del tocón de un árbol.

—¡Sí, señor! ¡Genial! ¡El General J. J. no puede jugar! ¡Siempre gana!

Se alzaron los gritos y vítores de todos los miembros de la panda. La mayoría de los chicos no podían permitirse caprichos como las latas de zarzaparrilla muy a menudo. El hecho de que probablemente aquellos caramelos fuesen robados hizo el juego mucho más emocionante.

La cuadrilla se reunió para escuchar las instrucciones de Jimmy.

—Está bien, chavales. Hoy es día de lucha libre en el lodo.

Todos los chicos aplaudieron.

—El General J. J. será el árbitro, ya que se cargó a todos la última vez. J. J., aquí tienes un par de zarzaparrillas como pago por tus servicios. —Jimmy le lanzó los dos pedazos de caramelo. El General J. J. sonrió y desenvolvió de inmediato ambos papeles, metiéndose los caramelos en su boca como si no hubiera comido en meses.

Los chicos discutieron quién lucharía con quién. James Roy Holly y el pescador dejaron sus cañas y vinieron corriendo. Gabriel disfrutaba de las bromas, pero desde luego no quería luchar, no en la orilla fangosa del estanque. El pequeño lago había menguado un poco debido a la sequía en Cairo. Lo que había quedado era un barro oscuro y húmedo, perfecto para luchar.

Jimmy dibujó un gran círculo en el lodo con un diámetro que rondaba los quince pasos. Los niños, naturalmente, se juntaron alrededor para la primera pelea.

Dos de los niños más pequeños, Henry y Jamie, habían trepado a uno de los álamos para obtener una vista de pájaro de la acción. Con seis años de edad, no estaban preparados para los grandes combates de lucha, pero les encantaba estar cerca de los chicos mayores.

Gabriel quería evitar luchar, así que puso su frasco de canicas en una densa morera junto a uno de los álamos. De ninguna manera quería que nadie robara su más preciada posesión. Luego saltó a la primera rama.

—General J. J., ¿podrías presentar a nuestros primeros contendientes? —gritó Jimmy con su mejor voz de locutor.

General J. J. levantó su brazo derecho para llamar la atención de todos.

—El primer combate de hoy será... —hizo una pausa para crear efecto—...¡Pequeño Will contra Dickie Colter!

Todos aplaudieron: aquella sería una gran pelea. Pequeño Will era el más luchador de los que tenían seis años por allí, y Dickie Colter era el chico respondón. Cada uno tenía algo que demostrar, los ingredientes de una batalla de estanque perfecta.

Gabriel estaba tan emocionado de estar ahí que no podía dejar de reír. Miró hacia arriba y vio a Henry y Jamie en ramas situadas por lo menos a seis metros de altura. Gabriel tenía miedo de subir tan alto, pero pensó que si los de primaria podían hacerlo, entonces él también podría.

Mientras los chicos se preparaban para empezar el combate, Gabriel comenzó a trepar más alto. Deslizó las piernas por el tronco, diciéndose a sí mismo que no mirara abajo. Una vez alcanzado el nivel de Henry y Jamie, sin embargo, bajó la mirada y de inmediato se quedó paralizado por el miedo. Una caída desde esa altura no sería buena.

Gabriel se detuvo entre el enorme tronco y la rama donde los chicos estaban sentados. Le hicieron gestos para que siguiera, pero él miró abajo otra vez. La rama se cernía sobre el agua, lo que asustó a Gabriel aún más.

—¡Gabriel! Avísame cuando estés listo —le gritó Jimmy—. Vas a ser el anotador, ¿de acuerdo?

Gabriel ni siquiera respondió mientras se agarraba a la amplia rama todo lo que podía. Se echó sobre su estómago y trató de reptar como una serpiente. A medida que avanzaba poco a poco hacia los otros niños, iba teniendo más y más miedo. Empezaron a sudarle las palmas de las manos, y comenzó a imaginarse lo que podría suceder si caía en el estanque.

Gabriel había aprendido a nadar cuando era pequeño, pero no se había metido en el agua desde que su padre se ahogó, y le aterraba. Más abajo, los chicos animaban y se lo pasaban en grande mientras los combatientes tomaban la posición de ataque.

Gabriel se estiró para agarrarse a una pequeña ramita. Mientras trataba de tirar de sí para acercarse a los chicos, puso su pie derecho en una rama pequeña para hacer palanca. La ramita se quebró, haciendo que Gabriel perdiera el equilibrio. En un abrir y cerrar de ojos, Gabriel se encontró colgando de la rama, agarrándose para salvar la vida con ayuda de sus manos... a seis metros de altura.

—¡Ayuda! ¡Ayuda! —gritó Gabriel.

Todos los chicos vieron desde el suelo lo que estaba pasando. El General J. J. gritó:

—¡Solo déjate caer al agua, tío!

Dickie se burló de él.

—¿De qué tienes miedo, Gabriel? ¡Pareces mi hermanita!

Jimmy gritó:

—Aguanta, Gabriel. Ya voy. —Corrió hacia el árbol y comenzó a escalarlo.

Gabriel gritó:

—¡No puedo aguantar mucho más!

Henry, el niño de seis años que estaba sentado en la misma rama a pocos metros de distancia, se dirigió hacia Gabriel desplazándose rápidamente en su asiento, centímetro a centímetro. Iba a alcanzar la mano de Gabriel cuando ocurrió lo impensable. Henry perdió el equilibrio y cayó como una muñeca de trapo, rebotando en otra rama y cayendo en el estanque. Todo sucedió muy rápido.

Gabriel, distrayéndose por un momento, perdió las fuerzas y cayó en el estanque justo después de él. En un momento de pánico, agitó los brazos en un esfuerzo para mantenerse por encima del agua.

Los chicos respondieron de inmediato. General J. J. y Jimmy se zambulleron en el estanque para pescar a los chicos. J. J. era lo suficientemente fuerte para tirar de Gabriel hasta la orilla.

Gabriel, que había tragado agua, estaba tosiendo y atragantándose, llorando desconsolado.

—¿Dónde está Henry? —gritó uno de los chicos en medio del pandemónium.

—¡No lo encuentro! —gritó Jimmy.

Varios chicos más corrieron al estanque para unirse a la búsqueda en el agua oscura. Jimmy se sumergió de nuevo, pero esta vez tuvo éxito. Acunó a Henry, que estaba tosiendo y escupiendo agua. Jimmy le arrastró a la orilla, donde los otros chicos se juntaron alrededor para ver si su amigo estaba bien.

Los chicos estaban aturdidos por el giro de los acontecimientos. Entre lágrimas, Gabriel dijo:

—Lo siento mucho. Lo siento mucho. Yo solo quería mirar. —Continuó tomando aire para poder controlar su llanto.

—¿Eres idiota? —preguntó Dickie—. ¡Casi lo matas! ¿Qué haces todavía aquí?

Tras girarse, Dickie empezó a alejarse y le murmuró a J. J.:

—Ese chaval es un inútil.

—¡Cállate, Dickie! —le gruñó el General J. J. Se volvió hacia Gabriel y le palmeó el hombro—. Ya está, hombre. No ha sido culpa tuya.

Gabriel pensó otra cosa. Henry había estado a punto de morir por ayudarle, y aquello le produjo una enorme vergüenza.

Su primer esfuerzo auténtico por conquistar su miedo y conectar con los chicos de Cairo había sido un desastre. No volverían a verle por el estanque. Era más seguro quedarse cerca de casa... en su lugar secreto.

Allí no había oportunidad de correr el riesgo de herir a nadie más. Estaba enfadado con el agua. Estaba enfadado consigo mismo.

Mejor, pensó, mantenerse alejado de todo.

El riesgo ya no era una opción.

CUATRO

Perritos de maíz y canicas

—¿ALGUIEN HA VISTO A GABRIEL ESTA MAÑANA?

Maggie se acercó a la puerta principal de los Cartwright para preguntar si habían visto a su hijo.

El señor Earl se levantó de la mesa del comedor para saludar a Maggie.

—La última vez que le vi, estaba pululando por el granero —respondió mientras se sacudía las migas de bollo de su camisa—. Estaba persiguiendo a un pequeño insecto.

—El chico no ha comido todavía, y ya es casi hora de irse —dijo Maggie con un poco de agitación en su voz—. ¡Gabriel! —hizo una pausa para escuchar desde el porche delantero de los Cartwright—. Gabriel Clarke, tienes que venir y comer. ¡Es hora de irse! —Fue entonces cuando vio a su hijo corriendo desde la parte de atrás del granero. Dio un salto junto a ella hasta los escalones del porche.

—Hola, mamá —dijo con tranquilidad. Cruzó la puerta principal y Maggie observó a Gabriel marchar hacia la mesa de los Cartwright, meterse una de los bollos de la señora Vonda en la boca y otra en el bolsillo. Luego cargó hacia la puerta de nuevo.

—¿Adónde crees que vas? —le preguntó su madre.

—A jugar otra vez.

—¿No te acuerdas? Vamos al mercado de agricultores con el señor Earl y la señora Vonda.

—¡Genial! Esperaré en el camión.

La señora Vonda salió de la cocina después de enjuagar el último de los platos del desayuno. Siempre llenaba una cesta de picnic con comida para el viaje al mercado de agricultores. Solo estaba a una hora de distancia, pero la señora Vonda cumplía con su misión en la vida de asegurarse de que nadie jamás tuviera demasiada hambre. Maggie sabía que por lo general llevaba panecillos caseros y mermelada, manzanas, pepinos cortados en rodajas y zanahorias del huerto.

Eran las 7:20 a.m., y era el momento para enrolarse en una mañana tranquila y fresca de principios de octubre. El sol atravesaba algunas nubes dispersas, calentando el día lenta pero firmemente.

Cada pocas semanas, más o menos, cargaban la vieja camioneta y hacían el viaje de descubrimiento y aventura de unas cuantas ciudades de camino hacia el mercado de agricultores del condado. Aquel siempre era un momento importante para Gabriel y una de las pocas veces en las que experimentaba la vida fuera de la escuela o de la granja. Allí afuera pasaban muchas más cosas de las que conocía.

Los agricultores de todo el condado estaban allí vendiendo sus frutas y verduras frescas, pero el mercado del agricultor era mucho más que eso. Había fabricantes de edredones, subastas de ganado, concursos de claqué, carpinteros y perritos de maíz que estaban para morirse. Algunas personas alquilaban un espacio para vender sus bagatelas o cosas que ya no querían.

Aquella mañana de sábado, los Cartwright y Maggie se abrieron paso por la puerta con tela metálica, que se cerró tras ellos. No tenían necesidad de cerrar con llave; aquello era Cairo. Bajaron los escalones del porche y se dirigieron a la camioneta.

Gabriel estaba ya sentado en la caja del camión con las piernas cruzadas, terminando su último bollo. Se limitó a mirar al señor Earl, hizo una inclinación de cabeza, y sonrió. El señor Earl se puso en el lado del conductor y esperó a que las dos mujeres abrieran la puerta del pasajero. La señora Vonda entró primero, encajando su robustez mientras alzaba su canasta de golosinas. Maggie, ataviada con uno de sus vestidos blancos de granja con pequeñas flores de color azul, entró después. Tenía una belleza y gracia natural. Con su piel morena, los ojos marrones y el pelo largo y rubio oscuro, siempre obtenía un montón de miradas de los hombres del mercado, pero ella no les prestaba mucha atención. El señor Earl arrancó el camión y lo puso en marcha.

—Buen día para el mercado —dijo a quien quisiera escucharlo. Metió el embrague y fueron por el sendero lleno de baches. Antes de salir de la finca, Gabriel asomó la cabeza por la ventanilla del acompañante con el pelo ondeando con la brisa.

—¿Puedo comerme un perrito de maíz hoy? —preguntó en voz alta.

—Sí —respondió su madre —. Ahora siéntate, que te vas a caer. —Maggie sonrió con satisfacción mientras se dirigían a la carretera principal.

Después de un estruendo de setenta minutos a través de extensiones de granjas, llegaron. Justo daban las nueve de la mañana, y ya había una gran cantidad de público.

Gabriel se puso de pie en la parte trasera del camión, mirando emocionado por encima de la cabina mientras estacionaban el coche en un campo polvoriento. Algunos de los expositores habían instalado sus puestos en las áreas cubiertas, mientras que otros sencillamente ponían sus camiones en fila y vendían sus mercancías desde el portón trasero.

Había aproximadamente ocho filas de camiones al aire libre y una zona cubierta donde se vendía el ganado de vacas, cerdos, pollos y otros animales domésticos. Dependiendo de qué lado soplara el viento, los visitantes tanto podían oler el ganado como la fragancia celestial de los perritos de maíz en la freidora.

Maggie agradecía que Gabriel estuviera teniendo más días buenos que malos. La vida seguía sin ser fácil para ellos, pero días como este hacían que la lucha valiera la pena.

Tan pronto como el señor Earl estacionó el camión, Gabriel saltó y corrió delante.

—¡Espéranos, Gabriel! —gritó Maggie con una sonrisa en su rostro.

—Bueno, alguien está emocionado hoy —dijo la señora Vonda mientras se deslizaba con rapidez del asiento.

—¡Vamos, mamá! —dijo el señor Earl con tono impaciente.

La señora Vonda lo miró. Le llevaba un poco más de tiempo debido a su baja estatura. Se abrieron paso hasta la primera fila de construcciones para disfrutar de la vista y ver qué tesoros podían encontrar.

Pasaron la primera parte de la mañana deambulando por el establo del ganado y contemplando la subasta. Luego se dirigieron a la zona favorita de la señora Vonda, la Cabaña del Edredón. Los edredones hechos a mano estaban tan perfectamente elaborados que uno podía pensar que la idea de hacer edredones se originó en el mercado del agricultor del condado.

—Me encanta cómo huele aquí —dijo Gabriel respirando profundamente, levantando la nariz en el aire. A menudo comentaba que aquellas damas olían a canela y se preguntaba si había que tener el pelo recogido en un moño para hacer colchas.

—Yo voy a ver las verduras —anunció el señor Earl. Solo aguantaba una parte de la sección de artes y artesanía—. Gabriel, ¿quieres escoger algunas judías?

Gabriel miró inmediatamente a su madre.

—Quédate junto al señor Earl —dijo Maggie con firmeza. Gabriel se entusiasmó ante la oportunidad de pasar tiempo con el señor Earl. Era como un abuelo, quizá incluso como el abuelo Isaac, que solía recorrer de arriba abajo el Campamento de Aventura Big Water en Corley Falls.

Gabriel y el señor Earl pasaron una hora entera mirando los vegetales frescos y eligieron cuidadosamente un kilo de judías verdes. A Gabriel le encantaba romper los granos para comprobar su frescura. Después de terminar de cargar su botín en la parte trasera de la camioneta, regresaron para llegar a la competición de claqué, donde sabían que encontrarían a la señora Vonda y a Maggie.

Las encontraron en la última fila cuando los últimos artistas, los Cottonwood Cloggers, subían al escenario. Eran los mejores. La mayoría de la gente decía que siempre ganaban porque ponían a los niños más encantadores delante. Todos aplaudieron frenéticamente cuando terminaron su imponente número.

—Mamá. Mamá. ¡Mamá! —Gabriel fue llamando cada vez más fuerte mientras daba tirones a la manga de Maggie—. ¿Podemos tomar un perrito de maíz ahora?

—No parecía preocuparle ver quién ganaba el concurso de claqué. Su estómago estaba gruñendo, y el olor a frito de los perritos de maíz llenaba el aire.

—Vamos a esperar a ver quién gana —dijo su madre—. Están a punto de anunciarlo ahora mismo.

El maestro de ceremonias fue hacia el megáfono.

—Y la cinta azul es para... ¡los Cottonwood Cloggers! —Gabriel dio un par de palmadas desganadas y luego agarró el brazo de Maggie.

—¡Mamá, me muero de hambre!

—Bueno, vamos —respondió Maggie.

Los cuatro se dirigieron hacia los perritos de maíz de Cappy, un punto que siempre era culminante en su viaje. Cappy, un hombre delgado de unos setenta años con la piel arrugada y las mejillas hundidas, había estado vendiendo sus deliciosos perritos de maíz en el mercado de los granjeros del condado durante diecisiete años. Nadie estaba seguro de si Cappy podía comer sus propios perritos de maíz, ya que solo le quedaban tres dientes: dos en la parte inferior y uno en la parte superior.

—¡Perritos de maíz, perritos de maíz! ¡Perritos de maíz con mostaza! —rugía como un subastador.

Llevaba una gorra sucia con rayas negras y blancas de conductor de trenes. Se decía que Cappy había sido capitán de una vieja máquina de vapor en Nuevo México. O tal vez solo lo había inventado para vender perritos calientes. De cualquier manera, el numerito funcionaba.

—¿Por qué grita como si hubiera recibido un puñetazo en el estómago? —le preguntó Gabriel a su madre mientras esperaban en una larga fila.

—Está tratando de conseguir clientes —dijo Maggie a través de una sonrisa—. Parece que tiene un montón de ellos. Mira qué larga que es la cola.

Maggie sonrió satisfecha, complacida por un buen día, agradecida de que estuvieran construyendo un buen recuerdo. Tomándose de las manos y columpiándolas como si fueran dos niños, esperaban en fila con la señora Vonda para obtener su propio perrito de maíz de Cappy.

Gabriel devoró con voracidad su perrito de maíz, salpicando mostaza en su camiseta de vez en cuando, pero no le importaba. Comían mientras se paseaban alegremente por entre los vendedores y sus mercancías.

La señora Vonda remató el último bocado de perrito de maíz.

—Earl debe estar comprándose muchas verduras para estar tardando tanto —dijo.

—Oh, mira esos bolsos tan bonitos —dijo Maggie con anhelo en su voz. No tenía dinero para esos lujos, pero le encantaba curiosear —. Mira la costura. Y la piel es tan suave... —Pasó la mano por encima de una de las bolsas.

—Eso de ahí es genuina piel de venado. Muerto, limpio y elaborado por un servidor —dijo el hombre de la caseta.

Maggie no se atrevió a preguntar cuánto valía. Solo estaba admirando la belleza de la bolsa de mano.

—Gabriel, algún día, cuando tengas un montón de dinero, podrás comprar a tu mamá uno de estos —le dijo Maggie a Gabriel con una sonrisa. Aunque él no estaba allí. Giró la cabeza hacia atrás, buscando a su hijo.

—Gabriel —dijo en voz alta.

—¡Gabriel! —Esta vez, ella gritó.

—No le he visto irse —dijo la señora Vonda.

Se le encogió el corazón mientras miraba en todas direcciones. Cundió un ligero pánico mientras seguía llamándolo en voz alta por su nombre, pero no aparecía a la vista. La señora Vonda se volvió y se dirigió rápidamente a la siguiente zona de carpas. Se paró en un cruce de cuatro direcciones para ver si podía encontrar a Gabriel. Maggie hizo lo mismo en otra fila a su vez.

—Gabriel... ¡Gabriel Clarke! —Maggie se puso de puntillas y miró por encima de la multitud hacia la última fila y allí estaba él, unos veinticinco metros por delante. Estaba de pie hipnotizado frente a una caseta.

—¡Lo encontré! —gritó Maggie a la señora Vonda mientras caminaba hacia él con furia. Apretó el ritmo hasta un trote y cuando llegó a él, Maggie le agarró del brazo izquierdo y lo hizo girarse.

—¡Tienes que avisarme cuando quieras ir a ver algo! ¡Nada de salir corriendo de esa manera! ¡Le vas a dar a tu madre un ataque al corazón!

Gabriel no respondió. Tan solo la miró, sonrió y señaló. En la parte superior de la caseta, colgando torcido por un clavo, había un anticuado cartel en un trozo de madera tallado a mano que rezaba: «Canicas mágicas del Río».

Maggie nunca había visto aquella caseta, a pesar de que habían visitado el mercado muchas veces. Estaba presidida por un abrevadero construido en tosca madera. En el interior había agua cristalina, de unos veinte centímetros de profundidad. La luz del sol rebotaba en el agua de manera fascinante, haciendo que se viera como si estuviera realmente en movimiento. Maggie pudo ver el reflejo de cientos de hermosas canicas dispersas en un lecho de suaves piedras de río grises por todo el abrevadero.

—Se ven como estrellas —dijo Gabriel con asombro en su voz mientras miraba hacia el agua.

—Veinte y cinco centavos un puñado, y se incluye una bolsa. —Una voz amable y sabia emanó desde detrás de la cubeta. Un hombre grande con una barba blanca larga y suelta y un desgastado mono vaquero se dirigía a una silla mecedora. Se sentó lentamente y se echó hacia atrás con un suspiro. Luego apoyó los pies sobre una caja de madera y su mano derecha a un lado del abrevadero. Hizo girar el agua con los dedos e hizo un gesto a Gabriel, que estaba mirando hacia el agua.

—Adelante, joven. Toma algunas canicas. Las que creas.

Inmediatamente Gabriel se agachó y pasó las manos por el canal acuoso. Quería desesperadamente seleccionar nada más que las buenas. Sacó tres grandes Aggies. Las canicas eran claras con hermosas rayas azules y grises. Gabriel tomó una entre el pulgar y el dedo índice izquierdo. Entrecerrando un ojo, levantó la canica hacia la luz como si estuviera mirando a través de la mirilla de un arma de fuego.

—Esas son canicas mágicas, muchacho. Si miras más de cerca, verás que tienen el Río en su interior. Sí, el Río les da a las canicas su belleza.

El anciano le hizo un gesto a Gabriel para que le entregara una, que sostuvo bajo la luz.

—La leyenda cuenta que si se ponen estas canicas debajo de la cama mientras duermes y piensas muy intensamente en las cosas buenas, te darán sueños maravillosos.

Le tendió la canica de vuelta a Gabriel. Después bajó sus pies al suelo, se inclinó hacia adelante y alzó las cejas. Con un poco de misterio en la voz, declaró:

—Estoy hablando de sueños en los que tendrás el coraje de seguir a tu corazón y nada te detendrá. El Río está vivo, ya sabes. Nunca deja de moverse. Cada vez que mires la canica, verás algo que no hayas visto antes. Esa es la magia del Río.

Maggie miró a Gabriel.

Sin moverse y sin dejar de mirar la canica, Gabriel dijo:

—Mamá, ¿puedo? ¿Puedo comprar algunas canicas?

Sin dudarlo, Maggie metió la mano en el bolsillo de su falda y sacó un puñado de monedas.

—Toma, Gabe —dijo mientras bajaba la mano y se las ofrecía a Gabriel.

Con los dedos mojados, él escogió el único cuarto de dólar que había en el puñado de monedas y de inmediato se lo dio al anciano, quien le entregó una bolsa de piel del tamaño de una pelota de béisbol.

—Llénala, muchacho... Tantas como puedas guardar.

Gabriel dejó caer las tres Aggies y luego se tomó su tiempo para examinar varias canicas en el abrevadero. Una por una, metía la mano en el agua y las dejaba caer en su bolsa. La llenó tanto que apenas podía cerrar el cordón.

—Ha sido un placer hacer negocios contigo, hijo. Espero que las disfrutes. —El viejo miró al muchacho con una generosa sonrisa en su rostro.

—¿Qué se dice, Gabriel? —le preguntó su madre.

Gabriel apartó finalmente los ojos de las canicas, miró al amable hombre, y dijo:

—Gracias.

El viejo se echó a reír como Santa Claus.

—No hay de qué, muchacho. No hay de qué.

Gabriel y Maggie, junto a la señora Vonda, se dirigieron hacia el puesto de limonada, donde se encontraron con el señor Earl. Hicieron el camino de vuelta a la camioneta para iniciar el viaje a casa. Gabriel saltó a la parte de atrás de inmediato. Se sentó, puso las piernas juntas y comenzó a sacar sus canicas de una en una para mirarlas y contarlas a la vez.

—Es mejor que vuelvas a ponerlas en la bolsa mientras conducimos —dijo su madre antes de subirse al vehículo.

Después de salir del aparcamiento, la señora Vonda hizo una observación.

—Cuando este niño ve algo que quiere, sencillamente va por ello, ¿no es así? Pero, Dios mío. ¡Qué susto cuando no le podíamos encontrar!

Maggie no respondió mientras miraba por la ventana aturdida. Los recuerdos de la vida en el Río, de la vida con John, sobrevinieron de golpe. Recordó lo mucho que le gustaba vivir cerca del Río. Había frescura en el aire y la vida era una aventura cuando estaban juntos en Corley Falls. Pero eso fue hacía años. No había estado en el Río desde que Gabriel tenía menos de un año. Después de unos minutos, la señora Vonda volvió a hablar.

—¿Estás bien, querida?

—Oh... eh... sí, estoy bien.

—¿Solo han sido las canicas? Ese muchacho está loco con las canicas.

Maggie se detuvo por un segundo y luego miró a la señora Vonda con una sonrisa pensativa.

—Su padre solía jugar a las canicas con él. Creo que se trata de algo más que las canicas, pero no lo sé. Ha sido un buen día, señora Vonda... un buen día.

La siguiente vez que fueron al mercado del condado, Maggie y Gabriel buscaron a la persona que llamaron «El hombre de las canicas del Río». No lo encontraron en ninguna parte.

Se dejaron caer por el puesto de información para preguntar por el paradero del hombre viejo con barba blanca y pelo blanco que vendía canicas sentado a los pies de un abrevadero lleno de agua.

El encargado dijo que no sabía de quién estaban hablando, ni pudo encontrar un registro de un hombre que encajara en aquella descripción.

—Me suena a misterio —dijo el encargado—. Al parecer, solo estaba de paso por la ciudad.

CINCO

El señor Earl y el viaje del cerdo

1962

Los primeros días de primavera en Cairo eran hermosos. La cálida y constante brisa de aire a través de las llanuras convenció a millones de flores silvestres para brotar por todas partes. Como la espera de la carta de un amigo, los días más largos de la primavera traían nuevas ilusiones y el aliento de un nuevo comienzo.

Los últimos años habían sido sanadores para Gabriel. Se las apañaba bien en la escuela, y los «días difíciles» eran menos ya, aunque venían de vez en cuando. Sin embargo, así como creció su confianza, también lo hizo su naturaleza impetuosa. Las pocas pecas en sus mejillas eran más pronunciadas, y el pelo se le había vuelto más oscuro.

Su cuerpo estaba estirándose a ojos vista. Con once años, solo estaba a unos tímidos centímetros del metro sesenta y cinco de su madre. Era inusualmente fuerte para su edad, y al señor Earl le gustaba hacer uso de su ayuda en la granja de vez en cuando. Ahora podía utilizar la mayor parte de las herramientas, y partir leña era una de sus tareas favoritas. Le gustaba cuán fuerte se sentía cuando llevaba el hacha a través de la madera con un solo golpe.

Así y todo, nada superaba el hecho de conducir el tractor, pero aquello era un lujo excepcional.

Llegaba el fin de una semana difícil para Maggie. El trabajo en el restaurante había aflojado, lo que acortaba sus propinas. Además, no dormía bien. La reciente madurez de Gabriel le recordaba que se estaba acercando a los difíciles años de la adolescencia sin un padre que le guiara a través de ella. Se despertaba todos los días con aquel pensamiento ocupando el fondo de su mente.

Un viernes llegó a casa a las 3:30 tras el turno de mañana. Subiendo lentamente los escalones del porche, abrió la puerta desvencijada y dejó caer las llaves y el bolso sobre la mesa del comedor.

—Ya estoy en casa —anunció—. ¿Hola? ¿Hay alguien?

Se acercó al tirador de la nevera y lo accionó como si fuera una máquina tragaperras.

—Está bien. Me voy a comer el último trozo de tarta de cerezas —dijo, alzando el tono de su voz. La casa se encontraba inquietantemente silenciosa salvo por el tintineo de las campanillas de viento que el señor Earl había colgado fuera de la ventana de la cocina.

Encendió la hornilla de gas y se llenó la tetera con agua antes de sentarse en la mesa. Removiéndose en la silla, dejó escapar un gran suspiro y se quedó mirando el pequeño trozo de pastel, tratando de encontrar consuelo en su presencia.

—Supongo que solo estamos tú y yo —murmuró.

Se levantó y se quitó el delantal del trabajo y lo colgó en un gancho junto al reloj. Mientras esperaba a que el agua hirviera, decidió cambiarse la ropa de trabajo, que olía a una combinación de grasa de tocino y café rancio. Cuando empezó a quitarse las horquillas de su cabello, dobló la esquina hacia el dormitorio y se sobresaltó.

—¡Oh, Gabriel, me has asustado! Pensaba que no había nadie en casa —exclamó con ambas manos sobre el pecho.

Gabriel no levantó la vista. Él y Jimmy estaban sentados en la cama mirando una foto.

—¡Hola, Jimmy! —Maggie se acercó y vio la imagen: una fotografía en blanco y negro amarilleada por el tiempo, una que Gabriel guardaba como un tesoro. Era una instantánea de su padre, John Clarke, sosteniendo a Gabriel cuando tenía cinco años de edad. El niño de pelo rubio tenía su brazo derecho alrededor de la parte posterior del cuello de su padre, y el otro apuntaba a la cámara.

Ambos lucían sonrisas espectaculares en sus rostros. Se encontraban de pie frente al Río en el Campamento de

Aventura Big Water el día anterior a la gran caminata y la tragedia que cambiaría sus vidas para siempre.

Los ojos de Maggie se empañaron de inmediato mientras se ponía la mano izquierda en la boca temblorosa. Trató de contener las lágrimas, pero no pudo. Se detuvo un momento para serenarse.

Jimmy alzó sus ojos para mirarla.

Ella se sentó en el borde de su cama. Gabriel sollozó.

—Gabe me estaba contando cosas sobre el Río. —La voz de Jimmy fue reverente.

—Es una foto muy buena. Mira esos ojos de cristal tuyos —rememoró Maggie.

Gabriel no respondió. Alzó su mano derecha y se limpió los ojos con un movimiento agresivo.

—Mira lo pequeño que eras... tu cabello rubio...

Gabriel la interrumpió.

—No estabas allí. ¿Por qué no estabas allí? —preguntó con tono firme.

—¿Qué? —La pregunta tomó a Maggie por sorpresa.

—¿Por qué el Río se llevó a mi papá? ¿Por qué? —La voz de Gabriel se hacía cada vez más fuerte—. El Río no necesitaba a mi padre. Yo estaba en la montaña, y tú no estabas allí. Esperé a papá, ¡y nunca regresó!

Gabriel se levantó y se encaminó hacia la puerta. Jimmy le siguió.

Como siempre que Gabriel se hundía en su dolor, Maggie se esforzó por encontrar las palabras adecuadas.

—Lo sé, cariño. Lo sé. Lo siento. —Siempre se había sentido muy culpable y tenía remordimientos por no haber estado allí para Gabriel... o para John.

Gabriel se metió la foto en el bolsillo y salió hecho una furia hacia el porche delantero. Jimmy se quedó en la entrada incómodo.

—Creo que será mejor que me vaya —dijo mirando a Maggie. Ella asintió con la cabeza.

Jimmy saltó desde el escalón más alto y se fue corriendo por el sendero de grava. Gabriel ya casi había llegado al granero.

—¡Gabriel! —gritó Maggie.

El señor Earl venía de regreso del campo y había visto a Gabriel salir furioso. Jugueteó con las llaves en su bolsillo.

—Voy a verle —dijo solemnemente.

Maggie asintió con la cabeza y contuvo más lágrimas.

El señor Earl salió y se abrió camino lentamente en el granero. No vio al muchacho al principio, pero un poco más allá vio a Gabriel sentado con la espalda contra la llanta trasera del gran tractor.

—¿Crees que puedes ayudarme con algo mañana? —preguntó el señor Earl.

Gabriel estaba dibujando en el suelo de serrín con el dedo.

El señor Earl arrastró los pies.

—Mañana voy a la venta de cerdos. Podrías echarme una mano con esos bribones. Entonces tal vez te lleve para mi pasatiempo favorito.

Aquella última frase captó la atención de Gabriel. Con los ojos hinchados miró al viejo señor.

—Pero no puedes ir conmigo a mi pasatiempo favorito a menos que me ayudes a deshacerme de alguno de esos cerdos.

—Le ayudaré —dijo Gabriel con curiosidad en su voz.

—Saldremos al amanecer. —El señor Earl se volvió y empezó a salir del granero.

—Eh... ¿cuál es su pasatiempo favorito?

—Mañana lo verás.

Gabriel se despertó a la mañana siguiente poco antes del amanecer, emocionado de ir con el señor Earl. El niño absorbía toda la atención que recibía del hombre. Gabriel salió corriendo al corral y encontró al señor Earl palmeando a los cerdos en la grupa.

—¡Tira! ¡Tira, cerdo! Entrad ahí —les espetaba mientras guiaba a varios cerdos hasta la rampa en la parte trasera del camión. Podía meter unos siete cerdos gordos en la plataforma del camión. Gabriel se subió al peldaño inferior de la cerca y observó.

—Gabriel, ve a buscar a ese último, ¿puedes? No está muy colaborador hoy.

—¿No es Sinus? —De vez en cuando, el señor Earl le ponía nombre a un cerdo que tuviera algún tipo de rasgo distintivo. Sinus moqueaba permanentemente.

El señor Earl entró pesadamente en el granero. Gabriel saltó sobre la cerca y avanzó paso a paso hacia el último gigante, que trataba de evitar convertirse en tocino.

—¡Vamos, Sinus! ¡Tira, cerdo! —gritó Gabriel. El cerdo dejó escapar un resoplido y salió corriendo hacia el camión, que tenía cercas de madera a ambos lados para mantener a los cerdos en el interior—. ¡Ha sido fácil! —Encantado con su logro, Gabriel cerró la puerta trasera. El señor Earl regresó del granero portando un par de cañas de pescar y una bolsa de malla—. ¿Ese es su pasatiempo favorito? —le preguntó con entusiasmo.

—Sí. Ahora ve por esa nevera del asiento delantero y busca un poco de hielo. Tenemos que mantener estos hígados de pollo fríos, o nos harán apestar tanto que la señora Vonda no me dejará entrar de nuevo en casa. A los bagres les encantan los hígados de pollo.

—¡Pescar! —Gabriel estaba emocionado y nervioso al mismo tiempo. Siempre había querido ir a pescar. Sus amigos en el estanque le proponían ir a pescar alguna vez, pero debido a su miedo al agua, siempre encontraba algo distinto que hacer. Sin embargo, el señor Earl le mantendría a salvo.

Tras un viaje de noventa minutos, llegaron al granero de la subasta. Gente de todas partes se presentaba cada tercer sábado para vender sus cerdos.

—Estos cerdos parecen gordos esta vez —dijo el señor Earl una vez hubieron estacionado—. Espero que aquí se les vea bien y pesados. Un poco de dinero extra nos vendría bien.

La subasta fue muy bien. Vendieron sus siete cerdos en una hora y media y regresaron al camión. Gabriel notó que el señor Earl caminaba ahora más animado. Los cerdos ostentaban un buen peso, y ahora tenía el dinero que necesitaba para las reparaciones que la granja precisaba.

La venta de cerdos se llevaba a cabo cerca de la frontera entre Kansas y Oklahoma. Se metieron en la camioneta y se dirigieron al sur durante otra media hora. Dejaron atrás las carreteras principales y tomaron un camino de tierra curvilíneo que les llevó a un terreno boscoso. El señor Earl disminuyó la velocidad y tomó la última curva cerrada hacia la derecha antes de que el bosque se abriera a un hermoso acantilado.

Unos cien metros por delante estaba el río Arkansas, que hacía un giro lento. Con una corriente constante y firme, las ondas en el río reflejaban los rayos del sol como un millón de velas parpadeantes. Enormes álamos se alineaban a ambas ribas como valientes soldados en guardia.

—No hay mucha gente que sepa de este lugar. ¡Por eso me gusta!

Aparcó el camión debajo de una zona de sombra a unos cuarenta metros del agua. Lo único que se oía era el chapoteo de los suaves rápidos y el sonido de los frondosos árboles aplaudiendo suavemente mientras la brisa cálida iba y venía. El señor Earl comenzó a desatar las cañas. Gabriel no se movió. Quedó paralizado por el río ancho y majestuoso.

—Gabriel, ¿puedes traer la nevera y este cubo aquí?

Gabriel abrió su puerta lentamente, sin dejar de mirar el agua.

—Es un gran río, señor Earl —dijo con cautela.

—Sí. Es grande, y lleva un montón de bagres ahora mismo. Vamos a procurarnos algo de cena. —El señor Earl caminaba delante, llevando las cañas de pescar. Gabriel tenía la nevera y un cubo de pintura vacío de veinte litros para meter el pescado.

Gabriel sintió que se ponía nervioso a medida que se acercaban al agua. Su corazón latía más rápido. Esperaba que la pesca no significara que tenía que acercarse al río.

El señor Earl tomó su caña y comenzó a cebar su anzuelo.

—Tienes que engarzar el anzuelo a través del hígado de pollo dos o tres veces para asegurarte de que está bien. Ten cuidado con el gancho. Una vez que se te clava, no quiere salir.

Gabriel vio al señor Earl ponerse las botas.

—¿Va a entrar en el agua?

—Claro —respondió el anciano—. Ahí es donde están los peces, ¿no?

—Creo que de momento solo voy a mirar —dijo Gabriel.

—Haz lo que quieras.

Gabriel volcó el cubo y se sentó. Todo lo que podía pensar era en lo grande que era el río y en lo mucho que no quería entrar en el agua.

El señor Earl luchó con sus botas, y una vez que el agua le llegó a las rodillas, lanzó un hilo aguas arriba. El cebo con hígado de pollo cayó en el agua, y esperó a que el hilo pasase lentamente junto a él y se dirigiese río abajo. Enseguida, sin embargo, la caña se flexionó violentamente, y tiró de ella hacia arriba, fijando el gancho en el pez.

—¡Yu-juuu, pescado! — gritó mientras giraba el carrete. No le llevó más de quince segundos sacar su primer bagre a la superficie—. ¡Muchacho, estas cosas luchan! —El señor Earl se echó al agua y agarró el pez, colocando el pulgar en su boca y los dedos en las branquias. El bagre debía medir medio metro de largo o más, y estaba regordete. El señor Earl izó el pez aleteando y caminó hacia Gabriel—. ¿Ves? ¡Te está sonriendo!

Gabriel estaba sorprendido. El señor Earl no solía ser tan hablador... o alegre, en este caso. Gabriel, sonriendo de oreja a oreja, se puso en pie para recibirlo.

—Llena ese cubo de agua, Gabe. ¡Tenemos algo de pesca por aquí!

Gabriel hizo lo que se le dijo, y el señor Earl dejó su primera pieza en el cubo de pintura. Se metió de nuevo en el río, y he aquí que volvió a tener éxito de inmediato. Esto ocurrió una y otra vez hasta que el cubo estuvo casi lleno de peces.

A Gabriel le encantó ver pescar al señor Earl, y se sentía más a gusto junto al río. Se quitó los zapatos y comenzó a meter los dedos de los pies en la orilla.

—Oiga, señor Earl... ¡Señor Earl! —Tuvo que gritar debido a que la brisa se había intensificado y el señor

Earl había vadeado un poco más arriba—. ¿Puedo coger uno?

El señor Earl recogió el sedal y chapoteó hacia la orilla. Mientras se acercaba, levantó un anzuelo vacío al final de su hilo.

—¿Has visto eso? Hay un ladrón ahí robándome el cebo. Vamos a hacer que lo pesques. Después te llevaré por ahí.

—No quiero ir muy lejos.

—No iremos. Pero si quieres pescar un pez, tienes que hallar unas cuantas maneras de llegar a ellos.

El señor Earl regresó a la camioneta, donde fue a buscar un segundo par de botas de detrás del asiento delantero.

—Estas son de la señora Vonda. Te quedarán un poco grandes, pero servirán. El Señor sabe que no puedo conseguir que ella las lleve.

Gabriel se deslizó en las botas de goma y atendió al señor Earl mostrándole una vez más cómo poner un hígado de pollo en el anzuelo. Entonces caminó lentamente con el señor Earl, que avanzaba de forma metódica. A nivel de las rodillas, Gabriel podía sentir la corriente tranquila empujando sus botas contra la parte izquierda de sus piernas.

—Bien, eso está muy bien —dijo el señor Earl—. Es lo suficientemente lejos.

Fue un gran hito que Gabriel estuviera en el agua, pero hasta el momento se sentía bien.

EL RÍO

—Antes de lanzar, lo que has de hacer es mirar detrás tuyo para asegurarte de que no hay nadie, o cualquier árbol en este caso. Entonces echas hacia atrás tu caña de pescar con cuidado y lanzas la punta hacia delante. Después sueltas el hilo hasta el final.

El señor Earl tomó la caña de Gabriel y arrojó el hilo, recogiéndolo de nuevo después.

—Toma, inténtalo.

Le pasó la caña a Gabriel y se apartó para dejarle espacio. Gabriel alzó la caña por encima de su hombro derecho y lanzó el brazo hacia delante. La caña y el carrete salieron volando de su mano y se estrellaron en el río.

—¡Oh, no! —Gabriel no podía creer lo sucedido.

—¡Vaya, vaya! —exclamó el señor Earl. Se apresuró tras la caña y el carrete y lo arrebató antes de que el río se lo llevara aguas abajo.

—Lo siento. No sé qué ha pasado —dijo Gabriel.

—Yo sí. ¡Lo soltaste! Pero al menos se trataba de una caña de corcho, así que flotó. —El señor Earl se rio entonces.

Solo hicieron falta un par de intentos más para que Gabriel consiguiera aprender el lanzamiento. En el quinto, estaba mirando cómo el corcho y el cebo flotaban en el río y, en un instante, la punta de su caña se dobló y tiró hacia el agua.

—¡Tira hacia arriba! ¡Tira hacia arriba! —gritó el señor Earl—. Dale vueltas con fuerza. ¡Tienes a un gigante en el hilo!

Gabriel obedeció, aunque era difícil porque la caña se sacudía con violencia. Le llevó varios minutos, pero recogió el bagre, que el señor Earl agarró.

—¡Esa cosa pesa como nueve kilos!

Gabriel saltó arriba y abajo, riéndose. Sus manos y piernas chapoteaban. Jamás había sentido tanta alegría.

—¡Espere a que mamá vea esto!

—Precisamente por eso esta es mi afición favorita. —El señor Earl contempló el bagre con una sonrisa tan grande como Texas.

Pescaron durante otra hora antes de recoger para volver a casa. Estaban cansados por la partida al amanecer y las aventuras del día. Con el codo derecho apoyado en la puerta del pasajero y los ojos entrecerrados por la luz del ocaso, Gabriel reflexionaba sobre el día.

—No sabía que el Río era así.

—¿Así cómo?

—No sé. El Río no era tan temible. Estaba tranquilo y demás. Me gustó. Quiero ir de nuevo.

—Creo que también tú le gustaste al Río —dijo el señor Earl con su mano descansando sobre el volante—. El Río tiene algo, ya sabes. Me recuerda qué es lo que importa. Por eso me gusta ir.

—Bueno, el Río nos ha dado de cenar —dijo Gabriel con una mueca precoz, mirando de reojo al señor Earl.

—Lo hizo, chico. Lo hizo.

El aire caliente se precipitaba por la ventanilla abierta

del acompañante, y el sonido del ruido del motor y los neumáticos contra la carretera era todo lo que Gabriel necesitó para dejar caer la cabeza hacia atrás y dejarse llevar por el sueño durante el resto del camino a casa.

Había sido un buen día.

SEIS

La nueva maestra

E<small>L INICIO DE UN NUEVO AÑO ESCOLAR NUNCA FUE UNA DE</small> las cosas favoritas de Gabriel. El primer día de clase el martes después del Día del Trabajo significaba conocer a niños nuevos que podían no ser agradables, acostumbrarse a un nuevo profesor que podía ser demasiado estricto y estudiar cada noche, lo que para él era un trabajo duro.

Gabriel decidió, el primer día de clase, que el sexto grado sería fatídico. Prefería hacer cualquier otra cosa a escuchar a un profesor aburrido o a esas chicas engreídas que jugaban a ser las «favoritas del profesor» en clase pero eran tan malas en el patio.

El año pasado, Gabriel tuvo que sentarse al lado de Thelma Lou Nichols. Llevaba unas gafas redondas gruesas como lupas, se rascaba la parte posterior de la cabeza constantemente y apestaba a naftalina. Nunca dejaba de hablar y de hacer comentarios de todo. Y era la peor jugadora de espiro de la clase.

A Gabriel le encantaba jugar al espiro y al kickbol a la hora del recreo, y el inicio de su año en sexto grado no fue diferente. Sin embargo, al cabo de dos semanas ocurrió algo inesperado que afectaría a Gabriel para siempre.

Era lunes por la mañana, y los catorce alumnos se apresuraron a ocupar sus asientos cuando sonó la campana. Su maestra, la señora Jewel, siempre mandaba copias extra a sus estudiantes si llegaban tarde a la escuela.

J. J. Hopper entró paseando después de la campana como si fuera el dueño del lugar.

—Vas a conseguir que te castiguen, J. J. —dijo Naomi Ledbetter con aire de suficiencia desde su silla en la primera fila.

Pero la señora Jewel no estaba a la vista, lo que casi nunca sucedía. Llevaba enseñando en la escuela primaria durante más de cuarenta y cinco años. A la edad de setenta y cuatro años, todavía tenía mucha energía. No toleraba demasiadas tonterías de los niños, pero podía ser divertida en ocasiones. Con un metro sesenta, la señora Jewel tenía las mejillas sonrosadas y el pelo canoso recogido en un moño apilado sobre la cabeza. Llevaba vestidos de granjera hechos a mano, y en los meses de otoño y primavera se ponía una flor de su jardín en el pelo. Nunca usaba maquillaje y siempre olía a polvos de talco y a rollos de canela.

Los compañeros de clase de Gabriel, que comenzaron a charlar sobre las hazañas del fin de semana, se callaron rápidamente cuando el señor Van Buren, el director de la escuela, entró en el aula. Gabriel solo le veía en las asambleas escolares o si se encontraba en serios problemas.

—Buenos días, clase —comenzó—. Tengo malas noticias. El fin de semana recibí una llamada del marido de la señora Jewel, y me dijo que ella ha caído enferma y no podrá continuar dándoles clase, al menos de momento. Se pondrá bien, pero necesita trabajar en su recuperación. El médico le ha ordenado reposo absoluto en cama, por lo que parece que va a estar fuera un tiempo.

El señor Van Buren sostenía un pedazo grande de papel de manualidades doblado en la mano derecha.

—Les ha escrito a todos una carta que voy a dejar aquí en la mesa para que la lean en el momento apropiado.

Los chicos estaban sentados en silencio, aturdidos por las noticias.

—Ahora me gustaría presentarles a su sustituta. Espero que le den el mismo trato respetuoso que a la señora Jewel.

En aquel momento, una figura entró en el aula sin hacer ruido.

—Ah... aquí está. Clase, me gustaría presentarles a la señorita Lily Collingsworth. —La señaló con su mano derecha—. Bueno, no se queden ahí quietos, ¡digan hola!

—Hola, señorita Collingsworth —murmuró la clase en un roto unísono.

—Hola a todos —dijo ella en voz baja con una sonrisa acogedora.

Gabriel y sus compañeros de clase no podían quitar los ojos de ella. No se parecía a nadie más en Cairo.

La señorita Collingsworth era alta y delgada, con la piel de un intenso color moca y un cutis perfecto. Su cabello era negro azabache, largo y brillante, y se derramaba desde su cabeza hasta la parte inferior de su espalda como una cascada oscura. Sus ojos eran negros como el carbón, llenos de misterio y candor a la vez.

Empezó a recorrer arriba y abajo las filas de pupitres, tomándose su tiempo para preguntar a cada alumno su nombre. Todos se volvían en sus asientos y seguían cada uno de sus movimientos.

Ella regresó al frente del aula.

—Estoy muy contenta de darles clase este año —dijo—. Vamos a aprender muchas cosas juntos.

Miró a su alrededor y estableció contacto visual con varios estudiantes, incluyendo a Gabriel.

—El aprendizaje va sobre la exploración y la diversión. El aprendizaje es la base de todo en la vida. No importa la edad que tengas, nunca dejas de aprender. Cada vez que aprendes algo nuevo, es como si descubrieras un tesoro.

Puso la mano sobre un globo terráqueo que estaba a un lado de su escritorio.

—Vamos a aprender sobre otras partes de nuestro mundo, a explorar el modo en que otras personas viven y su historia, e iremos de excursión. También me escucharán contar historias. Oh, me encantan las buenas historias.

La señorita Collingsworth habló con tal pasión que incluso J. J. estaba escuchando. Siguió hablando mientras caminaba entre los estudiantes sentados. Cuando pasó junto a Gabriel, sentado el tercero desde atrás en el lado derecho de la clase, desplazó el aire mientras se abría paso en él. Gabriel no pudo evitar darse cuenta de que olía a menta fresca.

Ella palmeó las manos.

—Tengo una idea. Vamos a levantarnos y a empujar las sillas hacia el fondo de la clase.

Los estudiantes no se movieron.

—Vamos, está bien. Será divertido.

Poco a poco, uno a uno, los estudiantes empezaron a deslizar sus pupitres hacia el perímetro del aula... aunque J. J. aprovechó la oportunidad para jugar a los autos de choque.

—Está bien, tranquilos, chicos. Sentémonos en círculo.

Se inclinó sobre las rodillas y se sentó en el suelo, lo que los estudiantes también hicieron. Gabriel se aseguró de estar justo frente a ella para que pudiera verlo.

J. J. dijo:

—No vamos a tener que cantar, ¿verdad?

La señorita Collingsworth se rio.

—¿No cantas J. J.? Oh, vamos. Apuesto a que tienes una voz bonita. —Todos los muchachos se echaron a reír y las niñas soltaron risitas.

—¡J. J. tiene una voz bonita! ¡J. J. tiene una voz bonita! —bromeó uno de los niños.

—¡Cállate! —dijo J. J. mostrando el puño.

La señorita Collingsworth los corrigió rápidamente.

—Ya vale, gente. He *escuchado* sus nombres, pero tengo que aprendérmelos. ¿Por qué no hacemos una ronda y van diciendo sus nombres otra vez y... también cuál es su comida favorita. Yo empezaré. Soy Lily Collingsworth, y sin duda mi alimento favorito es el chocolate.

Uno a uno, siguiendo el orden del círculo, los niños fueron recitando sus nombres. La mayoría de los alimentos favoritos eran algún tipo de dulces o sabor de helado. Gabriel se puso un poco nervioso cuando fue su turno. Le estaba costando mucho decidir cuál era su alimento favorito.

—Bueno, este... son los bollos de la señora Vonda o los perritos de maíz de Cappy en el mercado de agricultores del condado.

El General J. J. saltó diciendo:

—¡Escuchen, escuchen! Elegir un favorito es demasiado difícil para mí. ¡*Todo* alimento es tu amigo! —Se acercó y le dio unas palmaditas en la espalda a Gabriel con tanta fuerza que los otros pudieron escuchar el golpe, y entonces se agarró el blando vientre con ambas manos y lo meneó una y otra vez. Todo el mundo estalló en carcajadas.

Después de haber completado el círculo, la señorita Collingsworth tomó el mando de nuevo.

—Quiero que todos sepan que espero conocerles a todos y cada uno de ustedes. Vamos a tener un gran año. Bueno, ¿tienen alguna pregunta para mí?

Varias manos se dispararon en el aire.

—¿Vamos a tener un montón de deberes?

—¿Podemos tener un recreo extra largo el viernes?

—¿Cuántos libros vamos a tener que leer?

Naomi Ledbetter, la reservada rubia repipi de ojos azules, tomó la palabra y sorprendió a todos con su pregunta.

—¿Por qué tienes la piel tan oscura?

La clase se quedó inmóvil y esperó a la respuesta de la maestra. La señorita Collingsworth arqueó las cejas y no vaciló.

—Me alegra que me lo preguntes, Naomi. Al igual que tú, yo soy única. ¿Sabías que no hay dos personas en el planeta que sean exactamente iguales? No ha habido ni habrá otra persona creada exactamente como tú. Tú eres única en tu especie... y yo también. Toda persona es única y hecha para un propósito específico. Yo estoy agradecida por mi piel oscura porque me recuerda mi historia, de dónde vengo. Soy descendiente del pueblo de los indios cherokee.

Los niños estaban en completo silencio y embelesados por sus palabras. Su nueva profesora se levantó y se acercó a la pizarra, donde escribió con letras grandes: AYKWA-AYKWANEE.

—¿Puede alguien pronunciar esto? —Señaló la pizarra con sus elegantes dedos largos. Todos los niños trataron de vocalizar las letras simultáneamente.

—Bueno, bueno, no ha estado mal —dijo ella con una sonrisa—. En realidad no es demasiado difícil de decir. Que todo el mundo diga «ay».

—«Ay» —repitieron todos.

—Ahora «kwah».

—«¡Kwah!» —dijeron en voz alta.

—Ahora díganlo junto: «¡Ay-kwah!».

—«Ay-kwah» —repitieron.

—¡Bien! Ahora solo añadan «knee», como rodilla en inglés.

Después de un «knee» a coro, dijo:

—Ahora digan «Ay-kwah-knee»... bien... ahora «Ay-kwah ay-kwah-knee». ¿Lo tienen?

Los estudiantes repitieron la frase varias veces juntos hasta que fueron capaces de decirla correctamente.

—Hay que decirlo con ritmo —dijo la señorita Collingsworth—. El idioma cherokee es rítmico y tiene movimiento. Es el ritmo de la tierra.

—¿Qué quiere decir? —preguntó Naomi.

—Aykwa-Aykwanee es mi nombre en cherokee. Significa río grande.

La nueva maestra paralizó a Gabriel. Tenía la boca abierta mientras la veía hablar. Pensó en lo mucho que le gustaba el sonido de su voz y lo amable que era. La señorita

Collingsworth no era como nadie que él hubiera conocido. Y ahora iba a pasar todo el año escolar con ella.

Gabriel despertó de su ensueño cuando la señorita Collingsworth le dirigió una pregunta.

—Gabriel, ¿alguna vez has visto un río hermoso?

Tenía problemas para reunir una respuesta, así que la señorita Collingsworth continuó su charla.

—Yo crecí en un pequeño pueblo de las preciosas montañas de Carolina del Norte —dijo—. ¿Alguien ha estado alguna vez en Carolina del Norte?

Varias manos saltaron en la habitación. La señorita Collingsworth dio la palabra a Dickie Colter, el hostigador de Gabriel.

—Gabriel tiene miedo del estanque. Tiene miedo de todo —dijo—. ¡Es probable que ni siquiera se acercara a un río!

Gabriel bajó la vista hacia su escritorio.

Jimmy fulminó con la mirada a Dickie.

—¡Será mejor que te calles o *te* daré motivos por los que temer!

La señorita Collingsworth también salió en su defensa.

—Creo que todos tenemos algunos miedos con los que hemos de tratar. Vamos a centrarnos en decir cosas buenas, ¿de acuerdo?

Gabriel estaba agradecido, y se relajó en su asiento cuando la señorita Collingsworth continuó por donde lo había dejado.

—Vivíamos cerca de un bonito río en Carolina del Norte llamado Nantahala. El Nantahala es un río fuerte y poderoso, con tramos enérgicos y ensordecedores donde el agua cae estrepitosamente a través de las montañas y crea hermosos rápidos de espuma. El Nantahala también tiene intervalos apacibles y serenos. Hay lugares donde el río es *tan* tranquilo que actúa como un espejo perfecto para reflejar las montañas y los árboles que lo rodean. A mí me encanta el río. Mi abuelo solía llevar a nuestra familia a un lugar especial del río para hacer un fuego, cantar canciones y disfrutar de la comida al aire libre. Siempre nos sentábamos junto a una preciosa cascada. Un día yo estaba allí junto con mis tres hermanos, mi madre y mi abuelo. Solo tenía cuatro años de edad en aquel momento. Estábamos sentados alrededor de la fogata, y mi abuelo comenzó a hablar. Él no hablaba mucho así que cuando lo hacía, nosotros escuchábamos. Dijo: «El Río da vida a todo lo que hay en el cañón. Las aguas de este Gran Río lavaron a Aykwa-Aykwanee y le dieron su hermosa piel del color de la tierra». Aquella noche me señaló y dijo: «Tú nos traes vida y amor, Little River. Bella y tormentosa». Todo el mundo se echó a reír porque yo era muy pequeña, pero tenía una voluntad fuerte. —Levantó los puños como si fuera a flexionar los brazos.

Los niños se quedaron cautivados por su historia. Gabriel estaba sobrecogido con cada palabra. Si los ángeles fuesen reales, ella podría ser uno. Un ángel amerindio, enviado a la escuela de primaria de Cairo solo para él.

—¿Dónde estaba tu padre? —La intuitiva pregunta vino de Stephen J. Fremont. Un niño normalmente silencioso, al que Gabriel consideraba una persona realmente curiosa.

—No podía estar allí aquel día, porque él ya no estaba con nosotros —dijo mientras su rostro se contrajo.

—¿Dónde estaba? —dijo Stephen.

—Se fue al gran cielo, a eso que llamamos paraíso. Sí, murió. Todavía le echo mucho de menos.

Gabriel conectó con su dolor de un modo profundo. Ella también había perdido a su padre. Tal vez ella entendía cómo se sentía él. Tal vez también tenía malos sueños.

Después de un día maravilloso conociendo a su nueva maestra, la odiosa campana de la escuela sonó, lo que marcaba su libertad. Como hormigas bajo una lupa, todos los estudiantes salieron revueltos del aula, todos excepto uno. Gabriel se tomó su tiempo para recoger sus cosas antes de acercarse a su mesa.

La señorita Collingsworth levantó la vista de la hoja de papel que estaba leyendo.

—¿Puedo ayudarte en algo?

Gabriel se quedó allí en pie torpemente, y entonces sus palabras salieron a borbotones.

—¿Cree que podría enseñarle mi colección de canicas en algún momento? Tengo cientos de ellas. Podría enseñarle a jugar a las canicas. Soy muy bueno. También he ido a pescar con el señor Earl al Río. Es su pasatiempo favorito.

Gabriel no llegó a tomar aire porque estaba emocionado por hablar con la señorita Collingsworth.

—Eso estaría bien, Gabriel. —Bajó su carpeta—. ¿Qué te gusta más, las canicas o pescar?

Gabriel lo pensó un minuto.

—Bueno, solo he ido a pescar una vez, pero me encantó. Pero también me encantan las canicas porque mi papá amaba las canicas, y jugábamos con ellas cuando estábamos juntos.

—Lo bueno es que puedes disfrutar haciendo ambas cosas —sonrió la señorita Collingsworth—. Me encantaría ver tu colección de canicas alguna vez. Y trata de no dejar que lo que dijo Dickie te afecte. Los niños que actúan como él probablemente están o muy tristes o muy heridos por alguna razón, por lo que se desquitan con otros niños.

—Gracias, señorita Collingsworth. Adiós. —Gabriel comenzó a ir hacia la puerta.

—Nos vemos mañana, Gabriel.

Gabriel se detuvo en la puerta.

—¿Sí?

—Mi padre murió también. Él creció junto al Río. Le encantaba. Ya le hablaré de él alguna vez.

—Me gustaría mucho.

Gabriel se volvió y salió, agradecido por encontrar una nueva amiga en la señorita Collingsworth.

SIETE

Un visitante llega a la granja

1963

ERA UN GÉLIDO SÁBADO POR LA MAÑANA DE LA ÚLTIMA semana de febrero, y unos diez centímetros de nieve aún cubrían el suelo tras una tormenta que había pasado por Kansas una semana antes. La granja estaba cubierta por una sábana blanca y brillante, nítida y tranquila, tan lejos como alcanzaba la vista. Un ciervo en el campo asomaba con cautela sus pezuñas a través de las capas heladas en busca de algo para masticar.

—¡Apártate, Fi Fi! ¡Fuera de mi camino o te convertiré en mi cena!

Gabriel regañó a la gallina repitiendo lo que le escuchaba decir al señor Earl de vez en cuando, mientras limpiaba el gallinero. Al igual que con los cerdos, nombrar a los otros animales era una forma de entretenimiento mientras se realizaban lo que de otro modo sería tareas monótonas. El señor Earl solía decir: «Esa gallina grande y gorda parece que piensa que es mejor que todos los demás». El nombre de Fi Fi parecía encajarle.

Equipado con un abrigo de lana tupida, guantes de punto y un grueso gorro, Gabriel podía ver el vapor de su aliento mientras sacudía el rastrillo. La señora Vonda estaba en la cocina, limpiando después de uno de sus festivales de tortitas del sábado por la mañana. El señor Earl estaba en el viejo granero, ordenando sus herramientas y raspando el barro y el hielo del tractor. Su madre trabajaba en el restaurante, algo que hacía cada dos sábados. No le importaba, ya que los sábados por la mañana eran por lo general un buen momento para conseguir propinas. Su mamá decía que todo el mundo parecía más feliz los fines de semana, así que eran un poco más generosos.

—Sabes qué día es mañana, ¿eh? —A Gabriel le gustaba hablar con los animales mientras hacía sus tareas; le daban compañía. Continuó hablando mientras las gallinas cloqueaban por todo el gallinero.

Aunque puede que los pollos no estuvieran demasiado emocionados, Gabriel estaba muy contento de contarles lo que pasaría al día siguiente: el domingo 24 de febrero cumpliría doce años. Pensó que estar a un año de convertirse oficialmente en adolescente significaría por lo menos un regalo especial, porque su madre siempre le hacía sentir que su cumpleaños era el día más importante del año.

Tal vez la señora Vonda me haga mi comida favorita... ¡pollo frito!

Los pollos cloquearon como si entendieran que podrían terminar en la freidora. Gabriel terminó su limpieza, cerró la puerta del gallinero y se dirigió al granero para dejar el cubo y el rastrillo. Entonces oyó el sonido del señor Earl golpeando el hielo de la parte trasera del tractor.

—Ya he terminado con el gallinero —anunció Gabriel.

No hubo respuesta.

—Usted sabe qué día es mañana, ¿verdad, señor Earl?

El señor Earl se asomó tras el gran neumático trasero del tractor.

—Sí... es domingo.

Gabriel dejó escapar un suspiro.

—¿Sabe qué más es?

—Sí... el veinticuatro de febrero.

Gabriel colgó el rastrillo en la pared junto a las otras herramientas y rodeó la parte trasera del tractor.

—¡Es más que eso! ¿No lo recuerda?

—Ah sí, es el día en que se supone que terminaremos de pintar las mecedoras del porche delantero.

—Oh, vamos, señor Earl. ¡Es mi cumpleaños!

El señor Earl se rio.

—Ah, sí, es cierto. —Una tímida sonrisa se dibujó en su rostro gris—. Vas a cumplir diez, ¿verdad?

—¡Doce! —dijo Gabriel enfáticamente.

—Bueno. Solo te quedan sesenta y dos años más para alcanzarme.

—¿Qué hizo en su duodécimo cumpleaños?

—Oh, Dios mío, no creo que pueda recordar tan atrás. Probablemente estaba trabajando. No puedo recordar un momento en el que no trabajara. Tal vez mis viejos me dejaron ir de pesca. Eso era todo lo que me interesaba por aquel entonces. —El señor Earl continuó quitando el hielo.

—¿Podemos ir a pescar de nuevo algún día? Me gustó mucho, de verdad.

—Iremos a pescar otra vez cuando llegue la primavera. —El señor Earl continuó concentrado en el tractor—. Deberías llevar una pila de leña a la casa. Probablemente el fuego necesite ser alimentado.

Otra tarea. Gabriel se acercó al otro lado del granero, donde levantó la lona sobre una gran pila de madera cortada. Se cargó los brazos de tanta madera como podía llevar y comenzó a trotar hacia la casa, agradecido de poder descongelarse un poco en el interior. Dejó caer la madera en una pila junto a la estufa de hierro fundido en el salón, se quitó el abrigo y el sombrero y los colgó en el perchero. Abrió la puerta de bisagras y metió otros dos leños más en el fuego. Después salió al exterior y se retiró a su pequeño apartamento adosado a la parte posterior de la casa.

El sonido de un vehículo acercándose, haciendo crujir la larga carretera helada, rompió la quietud de la mañana.

¿Quién vendría a la granja a las diez de la mañana de un sábado? Mamá no solía llegar a casa hasta después del almuerzo.

Gabriel corrió hacia la ventana y descorrió la cortina. Una descolorida camioneta Ford negra se acercaba por el largo camino. No podía ver quién estaba detrás del volante, pero cuando el vehículo estacionó a un lado de la casa, la puerta del conductor se abrió y su maestra, la señorita Collingsworth, salió.

El corazón de Gabriel saltó cuando la maestra cerró la puerta con elegancia y fue hacia el lado del pasajero de su camioneta con las manos enfundadas dentro de los bolsillos del abrigo para protegerse del frío. Llevaba una gruesa chaqueta tres cuartos de ante marrón con un gorro rojo de punto calado hasta las orejas. Sus largas trenzas negras se derramaban sobre los hombros, y sus mejillas morenas estaban tan suaves como siempre.

¿Estoy en problemas?, se preguntó. *¿Por qué está aquí?*

Rápidamente hizo un inventario mental de la última semana en la escuela. Había entregado todos sus deberes. Estaba listo para sus famosas preguntas de Trivial.

Ella abrió la puerta del lado del acompañante y sacó un paquete plano envuelto en papel marrón. Gabriel cerró rápidamente las cortinas y tomó el libro de lectura obligatoria durante el semestre. Eso la impresionaría.

La señorita Collingsworth se acercó a la puerta de la casa principal y tocó la diminuta campana que colgaba en

el porche. La señora Vonda se secó las manos en el fregadero y se acercó a abrir la puerta.

—Hola, soy Lily Collingsworth, la maestra de Gabriel.
Esta es su dirección, ¿verdad?

—Sí, querida. Su habitación está al otro lado, pero
pase. Puedo decirle a Gabriel que está aquí —dijo la señora
Vonda con una tímida sonrisa—. ¿Me dejará que le sirva
un poco de té antes de ir a buscarlo?

—Eso sería maravilloso. ¡Hace tanto frío! ¿Puedo dejar
esto por aquí?

—Por supuesto, donde quiera. —La señora Vonda puso
agua a hervir.

La señorita Collingsworth la siguió hasta la cocina,
donde conversaron sin parar durante la siguiente media
hora delante de sus tazas de té.

A través de las finas paredes, Gabriel las oyó hablar de
sus comidas favoritas, las peluquerías en Cairo (había solo
dos) y, por supuesto, del hecho de que al día siguiente era
su cumpleaños. Hasta el momento, no había ningún rastro
de que él tuviese problemas en la escuela.

—Bueno, le he traído algo a Gabriel para su cumpleaños —dijo la señorita Collingsworth—. Es uno de
los estudiantes que conquistaron mi corazón desde el
principio. Amo a todos mis estudiantes y me encanta la
enseñanza, pero hay algo en ese niño. Supongo que veo
un poco de mí misma en él. De todos modos, tengo algo
para él.

Gabriel no podía creer lo que escuchaba. La afirmación y el cuidado en su voz eran muy reconfortantes. Nunca había tenido a nadie que se saliera tanto de la norma para manifestarle amor. Gabriel salió de su dormitorio, dio la vuelta hacia la parte delantera de la casa y asomó la cabeza por la cocina.

—¡Eh, Gabriel! —La señorita Collingsworth se levantó y abrió los brazos.

—Hola —dijo él tímidamente al aceptar su abrazo.

—Tengo algo para ti. —Se aproximó a la puerta, agarró un paquete y se lo entregó—. Sé que llega un día antes, pero... ¡feliz cumpleaños!

Gabriel tomó el regalo entre sus manos y lo sostuvo con una gran sonrisa.

—Bueno, adelante, ábrelo. Creo que te gustará lo que hay dentro —comentó ella con ilusión.

Gabriel se sentó en el sofá y puso el paquete en su regazo. Medía un metro y pico de ancho y descansaba sobre sus piernas. Desató el lazo rojo y arrancó el papel dorado.

—¡Mira esto! —Gabriel levantó una impresionante pintura al óleo de un paisaje.

—Ahí es donde crecí —explicó la señorita Collingsworth—. Ese es el Río del que te hablé cuando nos conocimos. Me encantaron las preguntas que hiciste sobre el Río y mis experiencias allí, así que pensé que te gustaría mi pintura.

—¿Usted lo pintó? —preguntó Gabriel.

—Sí, solo para ti.

Gabriel, sin palabras, se quedó mirando el hermoso paisaje.

La señora Vonda quedó impresionada también.

—Dios mío, es magnífico. Nunca he conocido a nadie que pudiera pintar así —dijo ella con ambas manos en las mejillas.

A los ojos de Gabriel, el paisaje del Río abriéndose camino a través de un imponente desfiladero tenía unos colores vibrantes y una profunda dimensión. Los ojos de Gabriel siguieron las texturas del pincel, que lo dejaron con la sensación de estar allí, mirando desde lo alto. Los detalles eran excepcionales: un torrente de agua blanca sobre rocas lisas, abetos altos que se extendían hacia el cielo, un ciervo vagando cerca de la orilla del agua y una solitaria ave de presa blanca con la cola roja descendiendo en picado por el aire.

Gabriel deslizó sus manos suavemente sobre el marco de roble oscuro y se quedó mirando cada detalle. Oculta a simple vista había una firma en tinta negra pintada en la esquina inferior derecha: Aykwa-Aykwanee.

La señorita Collingsworth lo miró.

—¿Te gusta?

Gabriel no se atrevió a apartar la mirada de la pintura.

—Sí, señorita. Es perfecto. Es simplemente perfecto. ¿Me lo puedo quedar?

Ella se echó a reír.

—¡Por supuesto! ¡Feliz cumpleaños, Gabriel Clarke!

Unos minutos más tarde, su maestra le dio otro abrazo a Gabriel y se puso en pie para ponerse el abrigo.

—Será mejor que me vaya. Tengo que hacer unos recados y limpiar mi casa.

La señora Vonda la ayudó a ponerse el abrigo y la acompañó a la salida. Gabriel se despidió y regresó corriendo a la pintura para echar otra mirada. Estaba abrumado de que ella se hubiese preocupado por él hasta tal punto. Pasar tantas horas pintando una escena tan bella solo para él era increíble.

Cada vez que la señorita Collingsworth se encontraba alrededor, se sentía como si todo fuera a ir bien... no perfecto... pero bien.

Pensó en lo amable que era y en cómo su arrebatadora belleza india la hacía parecer como un ángel del pasado... como Pocahontas o Sacagawea. Había leído sobre ellas en sus clases de historia.

Había soñado despierto con grandes aventuras donde la señorita Collingsworth era su guía por la naturaleza. Juntos descubrirían grandes tierras, rastreando la fauna salvaje y siguiendo los ríos adonde quiera que les llevaran. Formarían un gran equipo... como Lewis y Clark.

Después de acabar todos los bocadillos de jamón del almuerzo, Maggie llegó a casa del trabajo, agotada de atender las mesas en el restaurante Cairo.

—Hola a todos —anunció cuando entraba por la puerta delantera de la casa principal.

Antes de poder decir nada más, Gabriel la interrumpió.

—Mamá, tengo que mostrarte algo. Ahora mismo. ¡Vamos! —Le agarró la mano y trató de llevarla a su habitación en la parte trasera de la casa.

—Gabriel, cariño. No he comido todavía, así que déjame sentarme un minuto. Estoy cansada. —A veces su hijo no entendía lo que era estar de pie durante siete horas seguidas.

—¿Quieres un bocadillo de jamón? —preguntó la señora Vonda.

—Eso sería genial. Muchas gracias. El restaurante estaba muy lleno hoy. Apuesto a que no he parado en todo el turno.

Gabriel se estaba poniendo nervioso.

—Mamá, en serio. ¡Tienes que venir a ver lo que me han regalado por mi cumpleaños!

—¿Alguien te ha regalado algo por tu cumpleaños? Pensaba que tu cumpleaños no era hasta la próxima semana —dijo con una sonrisa.

—Muy divertido, mamá.

Ella pensó que tal vez uno de sus compañeros de escuela le había dado algún caramelo o algo así. Gabriel desapareció, y Maggie disfrutó de una charla de adultos con la señora Vonda mientras se comía su sándwich de jamón y mostaza.

Un par de minutos después, él regresó.

—¿Estás lista ya? —preguntó.

—Estaré contigo en un minuto —volvió a mirar a la señora Vonda.

—Te esperaré. —Gabriel corrió por el pasillo.

—Su regalo es bastante sorprendente, querida —dijo la señora Vonda mientras reponía las salsas en la nevera.

—Bueno, entonces definitivamente quiero verlo —se despertó su curiosidad. Salió de la casa y entró en su pequeño apartamento. Abrió la puerta del dormitorio y se encontró a Gabriel mirando a la pared por encima de su catre.

—Está bien, Gabe. Soy toda tuya. ¿Qué es lo que te han regalado por tu cumpleaños?

Él señaló a un cuadro colgado en la pared, un cuadro que ella nunca había visto antes. Se quedó con la boca abierta.

—¿*Este* es tu regalo de cumpleaños? ¿Quién... dónde... de dónde ha salido? Es increíble. —Maggie se inclinó para ver mejor, concentrada con reverencia en la magnífica obra.

—La señorita Collingsworth me lo dio hoy. Ella lo pintó para *mí*.

—¿Tu maestra?

—¡Sí!

—¿Puedo descolgarlo para verlo mejor a la luz?

—Te lo bajaré, mamá. —Gabriel se puso de pie sobre su camastro y sacó con cuidado la pintura del gancho de la

pared—. Tienes que sentarse si quieres mirarlo —dijo.
Maggie se sentó en la cama y Gabriel se lo puso sobre
su regazo—. Mira el agua en movimiento y el detalle de
los árboles. El río casi parece que se estuviera moviendo
—dijo Gabriel.

Ella estudió el fondo de la pintura.

—¡Mira! ¡Mira el ciervo! Todo es tan real... y este
marco... —Mantuvo las manos deslizándolas sobre los
bordes.

—Lo sé, mamá. Te lo dije. Es increíble.

Maggie sujetó ambos lados de la pintura y la levantó
para mirarla de frente.

—Cuanto más miras el Río, más ves —dijo ella, arrastrando la voz—. ¿Qué dice aquí? Ack... —trató de leer la
firma mientras la miraba de cerca.

—Ese es su nombre indio, mamá... Aykwa-Aykwanee.
Significa río grande. La señorita Collingsworth conoce el
Río. Ella se crió junto al Río. Ella solía vivir allí... como yo.
¿Cuándo podremos volver al Río... ya sabes... donde vivía-
mos con papá?

—No tienes que preocuparte por eso. Nuestra vida
está en Cairo ahora, cariño.

Maggie volvió a prestar atención a la pintura.

—Es un regalo realmente hermoso —dijo mientras leja-
nos pensamientos de Colorado la revisitaban. En su mente,
no existía la opción de volver. Había demasiados recuerdos
dolorosos que era mejor dejar cautivos en Corley Falls.

Fue esa misma tarde cuando Gabriel se dio cuenta de la carta escondida detrás de la pintura. Abrió el sobre y descubrió una nota de la señorita Collingsworth.

24 de febrero de 1963
A mi amigo y alumno Gabriel Clarke,
    ¡Feliz cumpleaños! Recuerda siempre que eres una obra de arte única y especial. Nunca habrá otro tú. Tú eres preciado y amado. Ahora una parte de mí siempre estará contigo. No estás solo. Nunca estarán solos. El gran Río te ama.

Aykwa-Aykwanee—
Lily Collingsworth

Gabriel no dijo nada acerca de la nota, pero se dio cuenta de que no quería que nadie más la leyese. Aquello era algo entre él y la persona más especial del mundo... después de su madre, por supuesto.

Con la nota de la señorita Collingsworth a salvo debajo de la almohada, se fue a la cama aquella noche agradecido por el regalo que había recibido. No creía que su cumpleaños pudiera ser mejor... pero lo fue.

OCHO

Un regalo de cumpleaños

GABRIEL SE DESPERTÓ CON EL OLOR DE SU DESAYUNO FAVO-rito: bacon y tortitas con trocitos de chocolate. Las pepitas de chocolate era un capricho excepcional, pero después de todo, era su cumpleaños. Salía a trompicones de la habitación cuando oyó a su madre diciendo:

—¿No cree que hace demasiado frío para ir?

—Bah. El sol nos va a llevar hasta los quince grados hoy —contestó el señor Earl.

Despejándose aún el sueño de los ojos, Gabriel entró en la cocina.

—¡Ahí lo tenemos! Doce años. ¡Feliz cumpleaños, Gabriel!

Su madre se limpió las manos en un paño de cocina y le dio un abrazo. El señor Earl le dio unas palmadas afectuosas en el hombro.

—Siéntate aquí —le mandó su madre. Ella sacó su silla y colocó un banquete en frente de él: sus tortitas de chocolate favoritas, cuatro trozos de bacon y un vaso largo de leche. Luego encendió un fósforo y prendió una vela de cumpleaños en el centro de sus tortitas.

Ella y el señor Earl tararearon una desafinada interpretación de «Cumpleaños feliz te deseamos, Gabriel» haciendo que el niño enrojeciera de vergüenza, aunque su sonrisa delataba su felicidad.

—Tengo una sorpresa para ti, Gabriel —dijo el señor Earl, que sorprendió a Gabriel con la guardia baja.

—¿En serio? —Gabriel no creía que su fin de semana de cumpleaños pudiese ir mejor, teniendo en cuenta el cuadro que recibió de la señorita Collingsworth el día anterior.

—Sí. Cuando hayas terminado de comer, ven a verme al granero.

—¿Vamos a alguna parte? Oí a mamá decir que podría hacer demasiado frío. —Gabriel esperaba contra todo pronóstico que fuera lo que él pensaba que era.

Después de disfrutar de cada bocado de su desayuno, salió a visitar al señor Earl al granero. Dentro del establo, los rayos de luz se filtraban a través de las grietas en la madera, iluminando las partículas de heno en el aire.

—Ven por aquí —le llamó el señor Earl desde detrás del tractor. Gabriel siguió su voz para encontrar al hombre mayor sujetando una caña de pescar en la mano.

—Es para ti. —Le entregó la caña y el carrete nuevo a Gabriel, que se quedó asombrado al dirigir una mirada más cercana a la caña brillante.

—¿Es mía?

—Sí. Toda tuya. Ese de ahí es un nuevo carrete de botón Zebco. Es muy fácil de echar.

—Muchas gracias, señor Earl. ¡Es genial! —Gabriel se abalanzó sobre él y le rodeó con sus brazos.

—Bueno, está bien, está bien. —El señor Earl le dio unas firmes palmadas en la espalda un par de veces—. ¿Qué te parece si vamos a probarla hoy? Tengo que vender esos dos cerdos por ahí, y luego podemos ir al Río para intentar pescar algo.

—¡Muy bien! —Gabriel saltó y gritó, y salió para mostrarle a su madre su nuevo regalo.

—¡Mamá! ¡Mamá! —Gabriel siguió gritando mientras corría hacia la casa.

Maggie abrió la puerta con mosquitera.

—¿Qué te han regalado?

Gabriel levantó la llamativa caña.

—¡Oh, caramba! ¡Una nueva caña de pescar!

—El señor Earl ha dicho que podía llevarme hoy al Río a pescar. ¿Puedo?

—Bueno... siendo tu cumpleaños... —sonrió Maggie—. ¿Van a traernos algo de cena?

—¡Por supuesto que sí!

El señor Earl cerró la puerta del granero y gritó:

—¡Cámbiate de ropa, señor Gabriel, y ayúdame a cargar estos cerdos!

—¡Sí, señor! —gritó él.

Iba a ser el mejor cumpleaños celebrado nunca.

—⁂—

La primavera había llegado un poco antes aquel año. Podrían tener unos cuantos días fríos más, pero era el tipo de día cálido que presagiaba un cambio agradable del frío del invierno al calor del verano. Un cielo azul moteado de nubes esponjosas se cernía sobre el paisaje. La temperatura podría llegar a los veinte grados hacia el mediodía, tal vez incluso podía rozar los veintiuno. La promesa de la primavera subió el ánimo a Gabriel.

Él y el señor Earl cargaron dos cerdos en la parte posterior de la camioneta y se dirigieron al mercado del cerdo en la frontera de Oklahoma y Kansas. La transacción se completó rápidamente, lo que les permitió llegar a su verdadero destino a última hora de la mañana: el Río.

Viajaron por la misma red de carreteras de grava, a través del bosque, para encontrar un lugar donde pudieran pescar.

—Vamos a ver. —El señor Earl se rascó la cara—. Creo que hoy vamos a probar en un sitio un poco diferente. —Dobló una cerrada curva a la izquierda y se dirigieron hacia otro sendero. Las ramas incipientes cepillaban la parte superior de la camioneta mientras se movían a través del bosque. Salieron a una gran extensión donde el río Arkansas aparecía a plena vista, a solo unos cientos de metros de distancia. Los neumáticos rodaron a lo largo del camino de tierra, triturando tiernos brotes de flores silvestres cuando giraban. Estaban aproximadamente a un campo de fútbol de distancia del Río cuando el señor Earl se detuvo.

—Iremos a pie el resto del trayecto. No estoy seguro de si va a estar embarrado ahí delante.

Apagó el motor.

—¿Oyes eso? —le preguntó a Gabriel—. Es mi sonido favorito... nada. Nada salvo el Río en movimiento. Tienes que prestar atención para oírlo, sobre todo desde aquí. La mayoría de tipos no se toman el tiempo suficiente para escuchar con tranquilidad.

El señor Earl abrió su puerta y respiró hondo.

—Ahhh —dijo, estirando los brazos—. ¿Hueles eso, chaval? ¡Es el pescado!

Gabriel se rio mientras se ponía su gorro de lana y salía de la camioneta. Desataron sus cañas de pescar, agarraron los cubos y el cebo y se dirigieron hacia el Río. El señor Earl dijo que era más fácil atrapar peces en un clima más cálido, pero eso no garantizaba su éxito. El hombre mayor guió a Gabriel hacia un recodo en el Río.

—Tú continúa adelante y espera ahí, y yo iré un poco más arriba.

Gabriel sonrió.

—Eh, eso no es justo. Eso quiere decir que usted pescará un pez primero.

—Venga, no seas quejica —dijo acompañado de una sonrisa.

Se situaron en sus puestos y comenzaron a lanzar el anzuelo en el agua en movimiento. Todo lo que Gabriel podía escuchar eran las vueltas del hilo con cada lanzamiento. No había nada en kilómetros a la redonda.

Diez minutos más tarde, Gabriel oyó algo en la distancia... un gruñido grave. Ambos lo escucharon al mismo tiempo y se volvieron para ver qué era el ruido.

Gabriel se volvió hacia la camioneta y vio un gran perro... ¿o era un lobo? Su corazón empezó a latir con fuerza. El animal, un perro con un pelaje largo de color gris con vetas de color marrón y negro, había inclinado la cabeza hacia abajo y dejaba al descubierto sus blancos dientes afilados, gruñendo agresivamente. Los ojos de color azul cristalino de la criatura miraron directos a Gabriel. Pateó el suelo y se encorvó, listo para lanzarse como un caballo de carreras ante la puerta.

—No te muevas, Gabriel. Quédate quieto —dijo el señor Earl con un silencioso sentido de urgencia en su voz.

—Me está mirando, señor Earl. Me está mirando.

Gabriel sentía el pánico creciendo en su garganta.

—Te dejará en paz. Tú solo no te muevas.

Los segundos parecían minutos a medida que el perro de gran tamaño les dejaba acorralados contra el Río. No había salida. Empezó a ladrar y a volverse más agresivo mientras que la espuma blanca de su saliva goteaba por su quijada.

—¡Señor Earl! ¡Señor Earl! —Gabriel gritó frenéticamente.

—¡Gabriel, no!

El chico dejó caer su caña de pescar y se lanzó hacia un árbol a unos treinta metros de distancia. No había dado ni dos pasos cuando el perro comenzó a cargar. El señor Earl dejó caer su caña y corrió lo más rápido que pudo detrás de Gabriel.

El terror golpeó el corazón de Gabriel al darse cuenta de que no podía correr más rápido que el perro. Se quedó inmóvil en su lugar y gritó de miedo. El feroz animal estaba a diez metros de Gabriel cuando se paró en seco y se tiró al suelo, moviendo la cabeza violentamente. El señor Earl cogió un palo grande y corrió hacia el perro, listo para blandirlo.

—¡Cielo santo! Todo va bien, Gabriel. Todo va bien. —El señor Earl levantó el palo, manteniendo una distancia prudencial con el perro, que estaba obviamente distraído.

—Es una serpiente de cascabel. El perro te salvó la vida.

El perro soltó la víbora mortal y comenzó a dar vueltas a su alrededor mientras se relamía los dientes ensangrentados.

—Nunca había visto algo así —dijo el señor Earl.

Gabriel recuperó lentamente la compostura.

—¿Está muerta?

—Oh, sí, ¡está partida en dos!

El cuerpo de la serpiente dejó de retorcerse. El señor Earl tomó un pañuelo de su bolsillo trasero y se agachó y recogió el cuerpo sin cabeza. Entonces levantó el cadáver como un trofeo.

—¿Ves? El perro se encargó de ella.

El perro se sentó sobre sus cuatro patas y empezó a mover la cola.

—Nos has dado un buen susto, chico —dijo Gabriel, aunque no estaba muy dispuesto a acariciar a la criatura.

El perro se relamió y se puso de pie. Poco a poco se acercó a Gabriel de manera suplicante, moviendo la cola de felicidad. Gabriel se quedó quieto y dejó que el perro le tocase la pierna con el hocico. Gabriel, que había estado nervioso, se dio cuenta de que el perro no le haría daño. Extendió su mano, que el perro lamió.

—¡Creo que le gustas! —sonrió el señor Earl.

El perro comenzó a corretear alrededor de Gabriel, trotando juguetón.

—No eres tan malo después de todo —dijo Gabriel mientras con cautela acariciaba la gruesa piel del perro—. Y me has salvado la vida.

Tras el incidente de la serpiente, los dos volvieron a la pesca. El perro se quedó pegado al lado de Gabriel. Cada vez que el niño tomaba un descanso en el camión, el perro le seguía. Cuando Gabriel se metía en el arroyo, el perro se quedaba alerta junto a la orilla. Más de una vez, el señor

Earl trató de ahuyentarlo y mandarlo a casa, pero el perro no se fue.

—Este perro no tiene collar. Es probable que no tenga un hogar —comentó Gabriel mientras guardaban sus aparejos de pesca.

—Probablemente es un perro callejero. Por cómo manejó aquella serpiente, yo diría que es bastante salvaje.

—Señor Earl...

—Ni lo pienses, muchacho.

—¡Vamos! ¡Ya ve que le gusto! No será ningún problema. Yo me ocuparé de él.

—Ese perro tiene el mal escrito en el lomo. No lo quiero detrás de mis gallinas. O peor aún, atacándote a ti o las mujeres.

—Podemos hacerle un collar. Le daré de comer y... y si roba una gallina, pagaré por ella.

—¿Con qué?

—Haré tareas adicionales... ¿por favor? —Gabriel era implacable.

—Tu mamá me va a matar.

—Nunca he tenido un animal propio antes. ¡Además, me salvó la vida! No podemos dejarlo aquí abandonado.

El señor Earl regresó al Río para aclarar uno de los cubos. Gabriel se sentó pacientemente en la puerta trasera. Cuando el señor Earl regresó, el perro estaba tumbado junto al joven con la cabeza descansando en su regazo, jadeando con satisfacción.

—Escucha. Si tu mamá dice «no», entonces tendrá que ir a la perrera.

—¡Sí, señor!

Gabriel se volvió hacia el perro.

—¿Has oído eso? ¡Te vienes conmigo a casa!

Terminaron de guardar el material en la parte trasera de la camioneta junto con el perro de gran tamaño. Era hora de volver a casa.

—Solo para estar seguros, cuando lleguemos al primer pueblo tenemos que dejar un par de carteles que describan al perro que hemos encontrado en caso de que haya un propietario que quiera reclamarlo.

—Está bien. Pero él no tenía collar ni ninguna otra cosa.

—No importa. Es lo que hay que hacer. No es tuyo hasta que nadie lo reclame.

Después de unos treinta minutos de recorrido llegaron a Kiowa, Kansas. El señor Earl escribió una breve descripción del perro con el número de teléfono de la granja y lo colgó en el restaurante local.

Tras otros varios minutos de conducción silenciosa, el señor Earl tomó la palabra.

—¿Cómo lo vas a llamar?

Gabriel lo pensó un momento.

—¿Qué tal Río Sky?

—Muy rápido. ¿De dónde lo has sacado?

—Bueno, lo encontramos en el Río. Y la señorita Collingsworth me dijo que «sky» significa «cielo», y sus ojos parecen tener el cielo en ellos. Así que Río Sky será su nombre completo, pero le llamaré Río para abreviar.

—Me gusta. Río Sky está bien.

Tras dejar otro aviso en la entrada de una asociación de pescadores veteranos, el señor Earl dijo:

—Me parece que has tenido un buen cumpleaños.

—El mejor que he tenido nunca.

Con una caña de pescar nueva y su propio perro, Gabriel no se cansaría del Río aquella primavera y verano. Con cada visita le esperaban nuevas sorpresas. Todo era mágico: el modo como el Río sonaba, la manera como olía y la forma en que «hablaba», tal como el señor Earl dijo que lo haría. El Río era constante e incesante, aunque tenía una fresca creatividad en cada encuentro. Ahora entendía por qué el señor Earl solía decir que siempre valía la pena el esfuerzo de visitar el Río.

En cuanto al perro, Maggie fue escéptica al principio, pero Río Sky se convirtió en parte de la pequeña familia después de que nadie respondiese a los anuncios del señor Earl. Una vez que vio cuánto amaba Gabriel a su perro, supo que era un regalo extraordinario. Río le daba a Gabriel amistad y fuerza. Todo el mundo se dio cuenta de que su confianza había crecido, sobre todo los chicos del estanque. Cuando lo vieron con Río, su nivel de respeto se disparó.

Lo mejor de todo fue que Río nunca abandonó a Gabriel. Siempre tenía tiempo, y siempre escuchaba todo lo que Gabriel quería decir, que era mucho.

NUEVE

La llamada telefónica

1971

El tiempo no pasó demasiado rápido durante los años de enseñanza media y secundaria de Gabriel. A pesar de que sus profesores le decían «Estos son los mejores años de tu vida», Gabriel sentía que pedaleaba sobre una bicicleta estática: gastando energía pero sin ir a ningún lugar. Tenía a sus amigos, especialmente a Jimmy Bly, que permanecía a su lado desde la escuela primaria, pero la vida llegó a un punto muerto después de su graduación en el Instituto Cairo.

Desde su punto de vista, todo el mundo excepto él progresó a cosas mejores. Muchos de los de la promoción del 69 se marcharon a la universidad o a la gran ciudad a probar suerte. Otros se quedaron de aprendices en el negocio familiar o trabajaron en la granja de la familia, pero Gabriel se quedó en el centro de Cairo, trabajando en el Five & Dime, reponiendo estanterías y limpiando lavabos.

Su madre no había ahorrado nada de dinero para su educación superior porque no había podido, incluso después de tomar un segundo trabajo contestando el teléfono de una agencia de seguros en la ciudad. Trabajaba varias tardes a la semana después de que el gentío de la hora del almuerzo despejara el restaurante.

El señor Earl estaba entrando en los ochenta años, y los viajes para pescar en el Río eran cada vez menos y más espaciados. La señora Vonda estaba encogiendo, y sanseacabó. Todo el mundo se ralentizaba, y Gabriel también se consumía.

Para él, la sensación de soledad y de aislamiento a veces se le hacía insoportable, pero no sabía cómo romper las cadenas. El dolor, las cicatrices y el rechazo que habían asolado su infancia y su adolescencia habían derivado en amistades intermitentes con los otros chavales, pero ninguna de ellas lo suficientemente profunda para depositar su confianza en el borde de la adultez.

Cuando podía, si no había nadie por allí, Gabriel se retiraba a sus pensamientos. Eran el único lugar seguro en su vida, el único lugar que podía controlar. Indiferente a todo el mundo y a su futuro, Gabriel avanzaba penosamente, realizando las mismas rutinas día tras día: las tareas de la granja, la limpieza del surtido de la tienda y poco más. A los veinte años de edad, era una cáscara de la persona que cobró vida cuando conoció al «Hombre de las canicas del Río» o pescó su primer bagre con el señor Earl.

—Gabriel, ¿te parece que el almacén está limpio?

Fred Baggers, el dueño de la tienda, interrumpió la ensoñación de Gabriel.

—Eh, no, señor —respondió. Aquella era siempre la respuesta correcta.

—Voy a la oficina de correos y estaré de regreso en media hora. Lo quiero todo lustroso para cuando vuelva.

El señor B, que había comprado el Five & Dime hacía diecisiete años, era un hombre quisquilloso, calvo, con sobrepeso y un bigote irregular. Siempre tenía el modo de hacer que la mayoría de la gente se sintiera como si midiera medio metro de altura.

Gabriel se dirigía al almacén para verificar las cosas cuando el teléfono de la tienda sonó.

—Five & Dime —respondió Gabriel secamente.

—¿Está Gabriel Clarke? —preguntó una confiada voz masculina.

—Sí. Yo soy Gabriel.

—Eh, tío. ¿Qué haces?

—¿Quién es?

—Vamos. ¿No lo sabes? Te doy cinco dólares si lo adivinas.

Gabriel se sintió intrigado. Nadie lo había llamado nunca a la tienda... ni a la granja. Entonces algo en la voz brusca disparó su memoria.

—¿Jimmy?

—¡Bingo!

Gabriel sonrió con incredulidad. Jimmy Bly. No habían hablado mucho desde que Jimmy se fue a la universidad hacía un par de años.

La conversación se convirtió rápidamente en monólogo cuando Jimmy retrató a Gabriel cómo era la vida universitaria en la Universidad de Kansas: los partidos de fútbol de los Jayhawks, las noches y las chicas guapas de las hermandades. Jimmy era un flautista de Hamelín. Ya desde la escuela primaria, su amigo sabía cómo tratar a la gente y hacía un esfuerzo especial para incluir a Gabriel en su círculo de influencia.

—Algunos chicos de mi fraternidad están organizando un gran viaje al Oeste antes de que el semestre de primavera termine, y quiero que te unas a nosotros.

—¿Un viaje haciendo qué? —Gabriel no estaba muy interesado en ir, pero al menos tenía que fingir que sonaba divertido.

—Nos dirigimos a Colorado para hacer senderismo y acampar. Tal vez un poco de rafting, también, si el tiempo coopera. ¡Tienes que venir, hombre! Lo vamos a pasar increíble. Solo contribuye con cuantos dólares para gasolina y comida y estarás cubierto. Me dejaré caer por Cairo para ver a mis padres, así que puedo ir a buscarte. Nos iremos en dos semanas. ¿Te apuntas?

Gabriel sintió una mezcla de emociones. La idea de viajar fuera de la ciudad y conocer a gente nueva le produjo un cosquilleo en el estómago. No podía imaginarse cómo *él* podía ir a acampar en las Rocosas de Colorado. Todo lo que había conocido desde que tenía cinco años era la granja en Kansas y los viajes ocasionales de un día a la frontera de Kansas y Oklahoma para pescar en el río Arkansas con el señor Earl.

—Eh... no sé, Jimmy. Tengo mucho que hacer. Mi madre me necesita en la granja porque el señor Earl se está haciendo mayor. Y no creo que el señor B me diera los días libres.

—¡Oh, vamos, hombre! En serio, necesitas un descanso. No has dejado esa granja desde que te conozco. ¿No quieres ver el sitio de donde vienes? ¡Apuesto a que ni siquiera lo recuerdas!

Ni hablar. Gabriel negaba con la cabeza. No. Ni hablar.

—Además —siguió Jimmy—, uno de mis colegas dijo que tiene un amigo por ahí que nos va a presentar a algunas de las chicas de por allí. ¿Qué dices? No voy a aceptar un no por respuesta, desde luego.

Gabriel se rio entre dientes nerviosamente. Jimmy podía ser terriblemente persuasivo.

—Vale, vale. Déjame tantear las cosas aquí en la tienda y me pondré en contacto contigo. Si voy, espero no arrepentirme de esto. El camino a Colorado es largo.

—Nunca lo sabrás si te quedas en Cairo, amigo. A veces hay que arriesgarse. A eso se le llama *vivir*. Llámame a la casa de Sigma Chi. Nos vemos.

Gabriel se dirigió al almacén. Su mente recorría las posibilidades de desastre... y de diversión.

Abrió la puerta del almacén y encendió la luz. Echó un vistazo sobre la deprimente habitación de hormigón desordenada y sin vida: fregonas y escobas, productos de limpieza, cajas de venta al por menor y algunos insectos muertos boca abajo en la esquina. Comenzó a sentir el descontento de su existencia cerniéndose sobre él. Sería genial conseguir un descanso de la escoba y del señor B.

Aunque el señor B no me dé los días libres. Me puede despedir si quiere. Mamá y el señor Earl tendrán que gestionar la granja sin mí. De todos modos, serán solo unos días.

Tengo que salir de Kansas.

Ha llegado el momento.

—⟋⟍⟍⟋—

Estaba amaneciendo, una mañana tranquila a finales de mayo en Cairo. De hecho, el aire era denso y caliente, un presagio del calor del verano por venir. Hacia el este, un resplandor anaranjado se desvanecía sobre el techo azul celeste de la granja.

Gabriel se despertó al despuntar el alba, un poco nervioso pero también emocionado. No le preocupaba Jimmy, pese a que su viejo amigo era probablemente tan loco y travieso en la universidad como lo fue en la secundaria. A Jimmy le gustaba llevar las cosas al límite... solo por encontrarlo. Le gustaba un poco vivir el peligro, y ese sentimiento era contagioso para los que le rodeaban.

Gabriel ni siquiera hubiera considerado jamás aquel viaje de no ser por Jimmy. Una vez más, a pesar de que no había visto a Jimmy desde su graduación en la secundaria, su viejo amigo le incluía en una de sus actividades. No tenía por qué hacer eso, pero lo hizo.

Jimmy solía decir: «La vida está hecha para ser vivida juntos. "Juntos" es donde las mejores cosas suceden». Su viejo amigo sabía que era tímido, remontándose a la época de la primaria cuando Gabriel quería mantenerse al margen de las grandes luchas en el estanque. De cualquier manera, Jimmy *vivía* sus palabras.

Después de no ver a Jimmy en varios años, recibir aquella llamada telefónica fue como un rayo de luz en un cuarto oscuro. A sus veinte años, Gabriel se sentía como un extraño, un individuo abandonado a su suerte. Le estaba agradecido a su madre y a los Cartwright, pero le faltaba algo profundo. Se sentía como si estuviera contemplando la vida a través de la parte inferior de una botella de Coca-Cola: borrosa y deformada. Era como si pudiese ver la risa y la alegría al otro lado del grueso vidrio pero no pudiera escucharla o experimentarla.

Tal vez aquel viaje a Colorado haría añicos aquel cristal para siempre.

Solo podía esperar.

A eso de las 6:45 a.m., el tranquilo silencio de los campos de maíz fue roto por el sonido discordante de un Chevrolet Corvair 95 del 64 blanco y en dos tonos de rojo virando en la granja como un coche huyendo de la ley. Jimmy Bly estaba tras el volante.

No estaba solo.

Dentro de la camioneta había otros tres tipos con el pelo hirsuto y rostros desaliñados, y toda clase de equipamiento para acampar atado al techo. El Corvair levantó nubes de polvo cuando la camioneta derrapó hasta detenerse a unos treinta metros de la granja. Jimmy inclinó la mitad de su cuerpo por la ventana para llamar a Gabriel.

—¡Gabriel! ¡Vamos, tío! ¡La aventura espera!

Gabriel estaba comiendo el último par de bocados de los huevos con bacon que su madre le había cocinado cuando el señor Earl llamó y entró a la cocina.

—¡Esos chicos están muy animados para ser tan temprano! —refunfuñó.

Gabriel se dirigía a la puerta de entrada hacia la furgoneta cuando Jimmy saltó de la camioneta, abrió los brazos y gritó:

—¿Qué pasa, tío?

El espontáneo saludo hizo que Gabriel se sintiera de maravilla. Sonrió y recibió uno de los famosos abrazos de oso de Jimmy.

—Voy a ir a buscar mis cosas —dijo, y Gabriel corrió hacia la casa para recuperar su bolsa de viaje. Río se puso de pie en el porche delantero y meneó la cola, emocionado ante tanta actividad—. ¡Adiós, mamá! —dijo, dándole un rápido abrazo—. Volveremos pronto.

Gabriel se subió a la puerta lateral de la furgoneta. Entonces la señora Vonda apareció en el porche, con una canasta de picnic.

—Esperen... tengo algunos rollos caseros dulces y aperitivos. —Bajó los escalones del porche balanceándose hacia la camioneta.

Gabriel saltó a buscar el cesto de mimbre.

—Gracias, señora Vonda.

—Tenemos un asiento extra en la camioneta si quisiera unirse a nosotros —gritó Jimmy—. ¡Nos vendría bien un poco de ayuda en la cocina de la acampada!

La señora Vonda agitó su mano en el aire y le dedicó a Jimmy una sonrisa tímida.

Los chicos sentados junto a la ventana se asomaron y comenzaron a golpear el lado de la furgoneta cuando arrancaron. Gabriel miró por la ventana trasera para ver a su madre y a los Cartwright de pie en el porche, cada vez más pequeños. Los chicos jalearon y gritaron como agitadores rebeldes en una fiesta.

¿De verdad estoy haciendo esto? ¿Ir todo el camino a Colorado con un montón de chicos que ni siquiera conozco? ¿Mirar a mi pasado cara a cara?

Gabriel sonreía por fuera, pero por dentro tenía las tripas revueltas.

Se sintió mejor después de que los amigos de Jimmy se presentaran durante la primera hora del trayecto. Cada uno era bastante sociable y seguro de sí mismo.

Brian James, alias «Cig», sentado en el asiento delantero. Nunca se desprendía de un cigarrillo apagado en su boca, de ahí su apodo. Podía masticar chicle, beber un refresco y hablar de los orígenes del universo sin dejar caer el cigarrillo de los labios. Corpulento, con el pelo negro y una barba espesa que parecía cubrirle toda la cara excepto los ojos, Cig era un intelectual peculiar que no decía mucho, pero era muy divertido cuando lo hacía.

Redhead Stevie Jones ocupaba el asiento trasero. Tenía los dientes un poco de conejo, un montón de pecas, largas patillas rojas y una constitución larguirucha. Pesaría sesenta kilos con la ropa mojada. Stevie siempre parecía ser el blanco de las bromas, pero no le importaba. Cuando no estaba en la escuela, trabajaba en la tienda de zapatos de su padre en Topeka. Jimmy decía que era inteligente en asuntos de negocios.

Un apodo de la infancia lo había perseguido toda la vida hasta la universidad: Hedor. Le pusieron el apodo cuando tenía diez años de edad y perdió una apuesta. Parece ser que una vez tuvo que perseguir a una mofeta fuera de su madriguera en un tronco ahuecado. Stevie quedó rociado... y apestó durante *días*.

El último pero no menos importante era Rollie Sever, que no carecía de confianza en sí mismo con las mujeres.

Medía alrededor de un metro ochenta, tenía el pelo castaño perfectamente ondulado con un montón de capas, ojos café oscuro llenos de alma y una actitud de soberbia. Su ego era mayor que su pelo.

Su aire de confianza en sí mismo atraía a las chicas como un imán. Jimmy siempre se burlaba de él por su constante olvido de abrocharse los tres primeros botones de la camisa. Él estaba muy orgulloso de su pecho y del pelo pardo que crecía sobre él.

Así que Jimmy Bly, Brian «Cig» James, Stevie «Hedor» Jones, Rollie Sever y Gabriel Clarke emprendieron su viaje por carretera hacia Colorado. Con pan dulce, un enfriador de refrescos y una buena oportunidad para pasar un buen rato y construir algunos buenos recuerdos, Gabriel esperaba que aquel viaje al Río lo cambiaría todo para él.

DIEZ

El viaje al Río

GABRIEL NUNCA HABÍA VISTO UNA PUESTA DE SOL NARANJA bajo el irregular horizonte dentado de una cordillera, pero estaba entusiasmado por el espectáculo.

Habían salido de la carretera principal hacía treinta minutos y tomado el sinuoso camino de grava que les llevaría a su campamento. Durante la parte nocturna de su viaje, él y los chicos habían negociado dormir un par de horas mientras se turnaban para hacerle compañía al conductor. Jimmy condujo la mayor parte del tiempo, pero incluso el gran Bly necesitaba un descanso de vez en cuando.

—¡Ya casi estamos, muchachos! —espetó Jimmy con emoción.

Todos se despertaron y fue emocionante llegar finalmente y salir de la camioneta tras casi dos días de conducción. Su campamento estaba en un área del Cañón Splash conocida como «la playa» por la población local.

El camino de tierra se iba estrechando a medida que la furgoneta deambulaba más hondo en el bosque. Con cada pendiente arriba y abajo y con cada paso, más forastero se sentía Gabriel.

—¿Cuánto falta? —preguntó con nerviosismo.

—Solo cinco o diez minutos —respondió Jimmy—. Espera a ver este lugar. Es increíble—. Sus tranquilizadoras palabras calmaron a Gabriel.

Resultó que Jimmy tenía razón. Cuando atravesaron el último grupo de altos abetos y píceas, el bosque se abrió a una escena increíble que dejó a Gabriel sin aliento. Era como si la Madre Naturaleza hubiera levantado el telón para revelar un escenario tan teatral como ningún otro. Estacionaron la camioneta y de inmediato comenzaron a mirar a su alrededor como niños pequeños en un parque de atracciones por primera vez.

—Alucinante —dijo Cig.

—Es como una postal —observó Rollie.

Los chicos continuaron hablando sin cesar sobre el panorama que les rodeaba, pero Gabriel se mantuvo en silencio porque estaba asimilando la belleza del cañón. La playa era justo eso: una abertura a lo largo del río donde el bosque se disolvía en un piso de arcilla arenosa, de unos treinta metros de ancho y unos cuatrocientos de largo. Dado que el desnivel del lecho del río era pequeño, el agua fluía constante y calmada, burbujeando sobre las rocas y creando una banda sonora que calmaba el alma.

Hermosos haces de luz se reflejaban a través de los árboles, y estar dentro de la garganta era como estar en otro mundo. Gabriel se acercó a la orilla del Río y vio la corriente y la curvatura del cañón a la izquierda, a unos quinientos metros agua abajo. Podía oír a lo lejos el rumor sordo de las estruendosas cascadas que había pasado el meandro.

La playa estaba enclavada en la curva de la herradura que el río había tallado a través del cañón. Al otro lado del agua, las paredes del cañón se elevaban agrestes hacia el cielo, superando los ciento cincuenta metros. Cantos rodados, tanto afilados como redondos, cubrían las paredes del cañón como un tapiz de color marrón rojizo, con árboles sobresaliendo y apuntando hacia el cielo como los rascacielos de la gran ciudad. Todo lo que podía oírse era el chillido ocasional de un águila y el sonido relajante del murmullo del agua fluyendo. No había ruidos de la ciudad o del tráfico. Era un paraíso virgen en la tierra.

Cuando Gabriel inhaló la belleza del Río, fijó sus ojos en el agua y el tiempo se detuvo. No podía apartar la mirada. Entonces su corazón empezó a latir más y más rápido a medida que comenzó a recordar episodios de su infancia. Como en un álbum de fotos, vio imágenes felices del Río durante su infancia. Vio a su padre y a su abuelo trabajando en su campamento, arreglando balsas y planificando viajes. El olor del bosque de pinos y el aire fresco le recordó todo lo que había de bueno en el Río.

Luego, en un instante, como las imágenes del tráiler de una película de terror, destellos de luz y escenas del día que el Río se llevó a su padre desplazaron la belleza que estaba experimentando. La amplitud de la emoción que sentía lo consumía. Su corazón empezó a latir aún más rápido, y no podía recuperar el aliento. Era como si las paredes del cañón le asfixiasen, pero no quería que los otros chicos supieran lo que estaba pasando. Le dio la espalda al Río y comenzó a caminar hacia la camioneta.

—¿Adónde vas? —le preguntó Jimmy.

—Solo a dar un paseo —contestó Gabriel mientras el miedo y el pánico le aplastaban el pecho. *No puedo hacer esto. ¿Por qué me siento así? Quiero volver a Kansas.*

Podía oír las conversaciones apagadas que los chicos mantenían junto al río mientras saltaban las rocas de la superficie del agua plácida y se lavaban la cara en la corriente cristalina. Quería formar parte de ellos. Gabriel logró recuperar la compostura cuando los pensamientos negativos pasaron a un segundo plano. Se sirvió un refresco de la nevera y regresó a la orilla del río, donde se sentó en un tronco de árbol caído y volvió a intentar disfrutar de la belleza de la tierra salvaje.

Jimmy batió las palmas.

—¡Vamos a descargar e instalar el campamento para que podamos divertirnos, muchachos! Solo tenemos una hora antes de que oscurezca.

Jimmy era el emprendedor de casi todo. En rápido orden, los chicos desataron la lona que cubría el bártulo

125

atado al techo de la camioneta. Descargaron tres tiendas de campaña, cinco sacos de dormir, cinco sillas de playa, dos neveras, varias linternas y parafernalia varia para acampar.

—Hedor, tú fuiste un Eagle Scout, ¿verdad? —Jimmy estaba dirigiendo el tráfico de nuevo—. ¿Por qué no encienden tú y Gabriel el fuego y el resto de nosotros montamos las tiendas de campaña?

—¡Vale, tío! —dijo Hedor—. Me encanta hacer fuego. ¡Es un estilo de arte legítimo!

Todo el mundo respondía bien a los intentos de delegación de Jimmy, aunque Rollie necesitaba oír las cosas dos o tres veces antes de ponerse en marcha. Gabriel se dio cuenta de que cada vez que podía, este se examinaba el cabello en el espejo lateral de la furgoneta.

Por su parte, Gabriel recogía leña mientras que Hedor buscaba rocas que pudieran ser empleadas para rodear una fogata. En quince minutos tenían un fuego encendido, casi al mismo tiempo que otras dos furgonetas llegaron llenas de amigos y conocidos de Jimmy. Gabriel los vio surgir del asiento trasero de las furgonetas como soldados saliendo de un helicóptero de transporte de Vietnam. En su mayoría eran chicos, pero Gabriel se alegró de que algunas chicas se hubieran apuntado también.

Fue la última chica en salir de la segunda furgoneta la que le llamó la atención. Su pelo largo, ondulado y castaño fluía de un desteñido pañuelo de color naranja, y tenía el cuerpo delgado de una escaladora y la piel bronceada.

Llevaba pantalones verdes de senderismo del ejército y una camiseta teñida de manga larga con una camisa vaquera atada alrededor de su cintura.

Gabriel, cargando un brazado de ramas y troncos secos, estaba fascinado. Su boca se abrió al verla ir en su dirección. Tenía los pómulos altos enmarcados por ojos verdes claros y cejas gruesas, pero no llevaba maquillaje. No lo necesitaba. Estaba tan embelesado que parecía que ella se estuviera moviendo a cámara lenta.

Gabriel dio un paso en su dirección, y sus miradas se encontraron por un instante. Ella sonrió y levantó las cejas como diciendo *Hola, me alegro de conocerte, pero me miras un poco raro.*

Nada se le escapaba a Cig, que vio lo que estaba pasando desde la playa.

—¡Oye, límpiate la barbilla, Gabriel!

Algunos de los muchachos se echaron a reír, y Gabriel quería meterse en un agujero. ¡Qué vergüenza! Rápidamente miró hacia otro lado y dejó las ramas sobre la pila junto a la hoguera. *Debe pensar que soy idiota. No puedo creer que no dejara de mirarla.*

Durante el resto de la noche, se perdió en el fondo mientras sus pensamientos y la inseguridad se apoderaron de él. Si nadie se percataba de él durante el resto del viaje, bien para él.

Eran cerca de las 10:30 p.m., y todas las tiendas de campaña estaban montadas. El cielo nocturno era claro y las estrellas, magníficas. La luna era vívida y tan enorme que la brillante esfera blanca parecía encontrarse casi demasiado cerca de la Tierra. El fuego rugía al menos a dos metros de altura, y todos se habían reunido junto a las cálidas llamas, hablando y bebiendo diferentes alcoholes, siendo la cerveza el más popular.

A aquellas latitudes hacía bastante fresco. Cuando el sol se puso detrás de las paredes del cañón, la temperatura había descendido unos catorce o quince grados. Rollie, por supuesto, tenía a dos chicas al lado para protegerse del frío, y estaban charlando y riendo como niños de ocho años. Cig se arrancó con su ukelele barítono y puso en marcha su repertorio de canciones populares.

Gabriel se lo tomaba con calma y disfrutaba de la distracción de ver relacionarse a los demás. No había reunido la valentía para decirle nada a la muchacha que le había llamado la atención antes, aunque había averiguado que su nombre era Tabitha. Se dio cuenta de que ella parecía muy cómoda con todo el mundo. Solo con verla, Gabriel supo que era amable, confiada y no se inmutaba por lo que la rodeaba o la gente del viaje. Miraba a todos a los ojos cuando hablaba, y su risa era contagiosa. A lo largo de la noche, todos los chicos intentaron relacionarse con ella, haciendo chistes tontos o los típicos comentarios para romper el hielo, pero ella manejaba la situación con aplomo.

Espero conseguir hablar con ella... pero no sé lo que le diría. Probablemente algo estúpido. Ella ni siquiera sabe que estoy aquí.

Gabriel dirigió su atención a una conversación que escuchó entre Jimmy y un par de los chicos nuevos.

—Mañana vamos a ir a los acantilados a pasar un buen rato. Van a gritar como niñas —les dijo Jimmy.

Gabriel decidió que aquella era la conversación a la que quería unirse.

—¿Qué acantilados? —preguntó.

—Un lugar asombroso a una caminata de unos tres kilómetros de aquí. Hay acantilados de doce y quince metros que sobresalen del Río. El agua es profunda y tiene remolinos. Solo hay que saltar y nadar. Es un trecho considerable, pero es increíble.

Gabriel comenzó a pensar en una escapatoria. Su temor de infancia al agua todavía le afectaba, y no era tan aficionado a saltar desde las alturas.

Se acercaba la medianoche. El fuego se extinguía, y el largo día de viaje estaba pasando factura a todo el mundo. Emprendieron el camino a sus tiendas de campaña, dispersadas en la playa y en el borde del bosque. Gabriel compartía una gran tienda con Jimmy. Se metieron en sus sacos de dormir y apagaron las linternas.

—Tío, creo que estoy reventado. —Jimmy arrastraba las palabras.

Gabriel se rio entre dientes. Jimmy era conocido por disfrutar (como pocos) de una copa de más. Treinta segundos más tarde, Jimmy estaba dormido. El campamento se encontró en silencio en cuestión de minutos. Todo lo que

Gabriel podía oír junto a la banda sonora del Río era el crepitar del fuego mientras las brasas consumían los troncos pequeños y las ramas.

Gabriel estaba muy cansado, pero se quedó echado durante casi una hora sin poder dormir. No había ido mucho de acampada, de modo que dormir en el suelo de un páramo salvaje con solo una capa de nylon fina protegiéndole de la intemperie no le hacía sentir cómodo en absoluto.

Tiene que haber todo tipo de animales salvajes ahí fuera.

Mientras yacía en la tienda, solo con sus pensamientos, oyó algo que sonó como un chapoteo en el agua. *Eso no suena bien.* Entonces oyó otro chapoteo... y otro.

¿Qué ha sido eso?

Su curiosidad lo impulsó a ir a investigar. Se deslizó fuera de su saco de dormir, abrió la cremallera de la tienda y miró hacia el Río. La luz ambiental del fuego y el brillo de la luna refulgente iluminaba el cañón. Pero no vio nada. El agua fluía suavemente, como lo hacía cuando él se había acostado hacía más de una hora.

Gabriel miró alrededor del campamento. Todos seguían dormidos. Tuvo la extraña sensación de que no estaba solo. Al principio estaba un poco asustado, pero se sintió atraído por el hecho de caminar y revisar las cosas. Sus ojos escrutaron el campamento y el Río, pero nada parecía fuera de lugar. Se acercó al fuego para calentarse cuando volvió a suceder. Las aguas en el centro del Río parecían girar lentamente en un círculo grande, del tamaño de la camioneta que habían conducido desde Kansas. Era como si una enorme cuchara cósmica agitase el agua.

No hay un pez de ese tamaño en el Río. Tal vez sea una corriente extraña. ¿O lo estoy soñando?

El corazón de Gabriel latía con fuerza, como el sonido del agua que se arremolinaba aumentando en velocidad e intensidad. El movimiento del agua creaba un agujero cada vez más profundo en el centro del remolino. No podía dejar de mirar cómo el remolino se hacía más y más fuerte, más y más potente, y luego comenzó a declinar. Disminuyendo la velocidad, finalmente se detuvo. El Río fluyó otra vez con normalidad.

Gabriel miró a su alrededor para ver si el alboroto había molestado a alguien. Ni un atisbo de movimiento en las tiendas de campaña. No podía creer lo que acababa de ver. A pesar de ser aterrador, de alguna manera se sentía reconfortado por lo que había presenciado. Fue como si se le hubiera permitido experimentar algo único para él.

Se sentó junto al fuego y decidió echarse sobre su chaqueta y mirar las estrellas. No sentía frío, a pesar de que estaba vestido con calzoncillos y camiseta. De hecho, la temperatura que sentía era tan cálida como en mitad de la tarde, aunque estaba en mitad de la noche.

—¡Gabriel... Gabriel! ¿Qué estás haciendo aquí fuera?

Jimmy sacudió el hombro de Gabriel. El sol estaba alto, y la luz solar se filtraba a través de los abetos. Gabriel abrió los ojos, desconcertado.

—Debo haberme quedado dormido.

—¡Tío, estás loco! ¡Tienes que estar congelado!

Gabriel miró a su alrededor. Unas pocas personas se empezaban a mover en sus tiendas, pero nadie les prestaba atención.

—No, me siento bien. Supongo que tenía calor en mi saco de dormir.

—Estás loco. Anoche hacía demasiado frío para dormir al aire libre sin un saco de dormir.

—Bueno, pues lo hice.

Gabriel no estaba dispuesto a contarle a Jimmy lo que le había sucedido la noche anterior. De todos modos, no podía explicarlo porque ni siquiera estaba seguro de lo que había sucedido.

¿Ha sido todo un sueño? ¿Estaba sonámbulo?

Por alguna razón, sin embargo, se sentía reconfortado por lo que había experimentado durante la noche. No tenía miedo en absoluto.

Se había conectado con el Río.

ONCE

La chica

EL SOL ESTABA AÚN ESCONDIDO DETRÁS DE LAS PAREDES DEL cañón, pero su luz se derramaba sobre la playa, calentando a los campistas que empezaban a levantarse y lavarse. La fogata se había reducido a brasas humeantes, por lo que Gabriel reunió ramas muertas y troncos para reavivar el fuego y que pudieran preparar el desayuno.

Una de las cosas que había aprendido del señor Earl eran las técnicas para encender un buen fuego. Allí en la granja, el anciano siempre decía: «Hacer un buen fuego mantendrá la mente de un hombre en un buen lugar».

Gabriel nunca lo olvidó. Después de reavivar el fuego se acercó a la orilla del Río y miró hacia el centro de la ancha corriente, al lugar donde vio la agitación la noche anterior. Empezó a fantasear sobre lo que había experimentado.

Todavía no estaba completamente seguro de que el incidente ocurriera realmente, pero lo que vio con sus ojos parecía muy real: el movimiento, el calor, el viento y la sensación de que alguien estaba con él.

—Oye, tío —dijo un murmullo de la nada.

El corazón de Gabriel dio un vuelco. Estaba tan concentrado en el Río que no oyó a Cig caminar detrás de él.

—¿Qué quieres matarme? Me has dado un susto de muerte.

Cig sonrió.

—¿Sabes dónde está la sartén de hierro para freír el bacon? No puedo tomar huevos sin bacon.

—Creo que está en la caja de Jimmy en la parte trasera de la camioneta. —Gabriel señaló hacia el vehículo estacionado.

—¿Necesitas dormir un rato más, majo? —Cig torció la comisura de la boca hacia abajo—. Anímate. Me lo agradecerás cuando pruebes la comida.

Cuando Gabriel se giraba, algo le llamó la atención sobre el Río. La luz del sol era tan brillante que ahuecó la mano derecha y la posó sobre la frente para protegerse los ojos. Allí, revoloteando en el cielo, había un enorme y hermoso pájaro de color blanco puro con unas pocas marcas negras en el pecho y una cola de plumas rojizas.

El pájaro volaba en círculos majestuosamente a unos treinta metros sobre el agua de un modo tan lento y suave que parecía no costarle esfuerzo alguno. Luego trazó espirales en su camino más y más cerca del Río. La manera en que mantenía constante su trayectoria descendiente era magnífica. Gabriel estaba absorto mirando a la increíble criatura.

Su concentración quedó interrumpida por una voz femenina.

—Es un halcón de cola roja... un halcón albino de cola roja, eso es. ¿Hermoso verdad?

Gabriel se volvió. Era la chica en la que se había fijado la noche anterior. Su frecuencia cardíaca se duplicó... y no pudo hablar. No sabía qué decir.

—Ah... increíble —fue todo lo que pudo articular.

—Esas aves son muy raras. Se ven muy misteriosas, ¿verdad? La forma en que van y vienen como les place. Me encanta verlas remontar el vuelo.

El halcón voló en círculos sobre el río hasta que quedó a unos dos metros sobre el nivel del agua en el mismo lugar, precisamente, donde Gabriel había visto la agitación la pasada noche. El halcón flotó sobre la corriente durante otro minuto antes de batir sus alas con fuerza para ascender por el cañón.

Cuando la criatura majestuosa desapareció de su vista, la chica rompió el silencio.

—Soy Tabitha. —Extendió su mano para estrechar la de Gabriel.

—Lo sé... hola. —Gabriel estrechó su mano rápidamente, pero se sintió avergonzado.

—Y tú eres Gabe, ¿verdad? —Tabitha levantó sus particulares cejas.

—Ah, eso es... Gabriel... Gabriel Clarke.

—¿Clarke? ¿Es tu apellido?

—Sí, ¿por qué?

—Eh... nada. Solo quería asegurarme de haberlo oído bien.

Gabriel se quedó en silencio.

—No eres muy hablador, ¿eh? —Ella le sonrió.

—Supongo que no. —Él tiró una piedra al agua.

—Un hombre de pocas palabras. Me gusta. Entonces, ¿vienes con nosotros a los acantilados? Es muy bonito aquello. Siempre voy de excursión allí porque vivo cerca. Deberías venir con nosotros. Los acantilados son bastante impresionantes... y divertidos también.

Gabriel no estaba convencido.

—Tal vez vaya. O tal vez me quede para cuidar del campamento.

—¡Oh, vamos! Tienes que venir. Será divertido. Te lo prometo. Además, así tendré a alguien con quien hablar. No puedo soportar a esos chiflados de ahí demasiado tiempo.

A Gabriel le gustó su tono insinuante. Nunca había conocido a una chica como aquella.

Me está hablando a mí. Me está pidiendo hacer algo con ella. Gabriel apenas podía creer lo que estaba pasando: un nuevo comienzo con alguien que no conocía los problemas con los que había estado luchando toda su vida.

—¿De dónde eres, Gabriel Clarke? —Tabitha seguía entablando una conversación con él, pero él seguía mirando al Río.

—Cairo, Kansas —dijo después de un largo silencio—. He vivido allí desde que tenía cinco años. Kansas no se parece a esto.

Tabitha se puso a su lado y colocó su mano izquierda alrededor del bíceps derecho de Gabriel, justo por encima de su codo. El simple movimiento puso a temblar de arriba a abajo su cuerpo.

—Vamos a tomar un café. ¿Te gusta el café? —Ella comenzó a llevarlo hacia la hoguera.

—Claro.

Ella le apretó el brazo.

—Vaya, estás fuerte. ¿Levantas pesas o algo así?

—Solo es de trabajar en la granja, creo. Mi padre era muy fuerte. Probablemente lo heredé de él.

—Yo diría que tu padre medía como metro ochenta, era ancho de espaldas, con ojos azules y pelo rubio ondulado. ¿He acertado? —preguntó Tabitha de forma juguetona.

Gabriel sintió que se ruborizaba.

—Bueno, si tú lo dices...

—Y tu padre tenía que estar muy bronceado.

Gabriel se relajó y sonrió. Se sentía una persona diferente con Tabitha. En realidad se sentía bien consigo mismo. Ella le hacía olvidarse de su inseguridad y de su aburrida vida.

Una voz potente atravesó la calma latente.

—¡El mundialmente famoso café de camping de Cig está listo! ¡Vengan y prueben, terrícolas!

El barbudo ahuecó la mano sobre su boca como un megáfono mientras gritaba a todo el mundo para que saliera de sus tiendas de campaña y se moviera. El campamento se despertó, y, uno por uno, los dormilones se acercaron a la hoguera con tazas de hojalata en la mano. Cualquiera podía ver que Cig estaba orgulloso de su café, tan espeso que uno probablemente podría dejar caer una piedra sobre él y verla flotar. Beber el aceite de motor de Cig cambiaba el entorno.

Cig y Jimmy prepararon el bacon y los huevos, cocinando primero el bacon y luego rompiendo los huevos en la grasa del tocino en una sartén de hierro. La gente se sentó en los troncos y se comió su desayuno, y después de un rato, Jimmy dijo que tenía un anuncio que hacer.

—Escuchen, chicos. Salimos para los acantilados en unos treinta minutos, así que si quieren ir, prepárense.

Gabriel todavía estaba indeciso. Estaba un poco mareado y no estaba seguro de por qué. Conocer y hablar con Tabitha complicaba el asunto. Podía sentirse a sí mismo deslizándose a ese lugar de su mente de donde era muy difícil recuperarse.

Aquí estoy, saliendo de Kansas por primera vez desde los cinco años, viajando a este hermoso lugar, conociendo a nuevos amigos, y estoy hecho un lío. ¿Por qué no puedo tratar con esto? *¡Han pasado quince años! ¡Por qué no puedo simplemente vivir!*

Su mente y sus emociones peleaban la una contra las otras. Era como si estuviese en una trampa de arenas movedizas del alma y solo estuviera pidiendo que alguien le tirara una cuerda, pero no sabía cómo hacerlo. Había ocasiones en las que estaba al borde de alcanzar la libertad y disfrutar de la vida, pero entonces era saboteado por su dolor. Otras veces, incluso en las mejores circunstancias, un manto de tristeza caía sobre él como un abrigo de cien kilos que no podía quitarse de encima. Arrastraba su dolor con él dondequiera que iba.

Su tristeza se transformaba a menudo en miedo: miedo a lo desconocido, miedo a no conocer nunca la paz, miedo a estar solo e incluso miedo a morir. Su miedo se tornaba entonces en ira, pero ira contra sí mismo. Ira por no tener a su padre. Ira por no haber salvado a su padre aquel fatídico día. Ira contra aquellos kayakistas estúpidos por no saber que había enormes cascadas delante. Y una ira rabiosa contra el Río por haberse llevado a su padre tan temprano.

Su ira era una tormenta feroz, y necesitaba correr para refugiarse en su lugar secreto, al igual que lo hacía cuando era niño.

Parecía que aquel era otro de esos días.

Todos habían recogido sus mochilas y estaban listos para partir en su excursión a los acantilados. Gabriel se había mantenido ocupado recogiendo el campamento, atendiendo el fuego y saltando de vez en cuando las rocas del Río con la esperanza de que la gente no se diera cuenta de que no estaba haciendo su bolsa para irse.

—¡Vamos allá! —gritó Jimmy desde el otro lado de la playa.

El grupo de estudiantes universitarios y las chicas del lugar comenzaron a alinearse y a seguir a Jimmy hacia el lindero del bosque. Tabitha iba delante. Antes de que Jimmy entrara en el bosque, miró hacia atrás por última vez.

Gabriel estaba de pie al lado del Río... sin mochila a la vista.

—¡Gabriel! Oye, ¿vas a venir? —gritó Jimmy. Tabitha movió su brazo hacia él, haciendo un gesto para que se uniera a ellos.

Gabriel miró en su dirección.

—No me veo muy animado. Voy a quedarme aquí y vigilar las cosas. Me reuniré con ustedes cuando regresen.

—¿Estás seguro? —Había un poco de preocupación en la voz de Jimmy.

—Sí. Nos vemos cuando regresen.

—Está bien, hombre. Haz lo que quieras.

Tabitha miró hacia atrás y Gabriel vio que su rostro había empequeñecido. Mientras observaba cómo ella y los demás subían la primera cuesta empinada y desaparecían entre los altos abetos y píceas, su mente y su corazón le pesaban cada vez más.

¿Por qué no puedo superar esto? Me voy a arrepentir mucho. ¿Por qué me hago esto?

Se dirigió de nuevo al fuego y atizó las brasas con un palo. Dejó caer un par más de troncos grandes a las llamas. Llevó tan solo unos minutos hasta que se desvaneciera el eco de la conversación y las risas y que el zumbido lejano de las cascadas a la vuelta del recodo surgiera con mayor intensidad.

Gabriel estaba solo con la belleza del cañón y solo con sus pensamientos. Se sentó en un tronco grueso que yacía a la orilla de la playa. Con la pared del cañón enorme como telón de fondo, se volvió hacia el Río y miró el movimiento lento del agua.

La mirada de Gabriel se agudizó. Se echó hacia atrás y metió las manos en los bolsillos de su vieja sudadera con capucha y encontró algo, una canica azul y gris de ágata, una que guardaba desde su infancia. Había estado buscando aquella canica durante años. Aquella Aggie era muy especial para él, una de sus favoritas.

Llevó la canica al trasluz y al instante su mente se remontó a cuando él y su padre jugaban a las canicas en el campamento de rápidos después de que su padre regresara de sus carreras por el río. Los acantilados de color marrón y rojo y los altos árboles de la pared del cañón en el otro lado del Río se emborronaron... y una pantalla de cine en la imaginación de Gabriel comenzó a mostrar escenas de los primeros años de su vida. Podía ver la fuerte y ancha mano de su padre (con su pulgar en el hueco de su dedo índice) a punto de disparar aquella canica.

—¡Esta vez te voy a ganar, chaval!

—¡De eso nada, papá! ¡De eso nada!

La interacción actuaba en su imaginación tan vívidamente que casi podía oír el diálogo reverberando en el cañón.

—¿Cómo has podido hacerte tan alto, Gabe? Mejor que dejes de crecer, ¡o pronto serás más alto y más fuerte que yo!

—No puedes pararme, papá. ¡Pronto seré más grande que tú!

Recordó a su papá tomándole en brazos y haciéndole cosquillas, y luego acariciando su cuello. Casi podía sentir el roce de su barba suave contra su rostro. Se sentía seguro entre sus brazos. Su padre era muy fuerte.

Perdido en una cadena interminable de recuerdos, Gabriel pensó en lo mucho que echaba de menos a su padre. Cuánto quería experimentar esa clase de amor otra vez. El deseo de sentir la seguridad de los brazos de su padre una vez más.

—Presta atención, Gabe. Voy a enseñarte esto otra vez.

Vio a su padre enseñándole a hacer diferentes nudos con cuerdas.

La escena cambió a la conversación que tuvieran todos los domingos a las 6:30 a.m.

—Papá, ¿puedes hacerme tortitas hoy? —A Gabriel le encantaban las tortitas especiales con puré de manzana de su padre.

—Por supuesto, muchacho. —Los recuerdos avanzaron hasta la secuencia del cañón. A continuación, una reminiscencia más oscura se deslizó en su conciencia.

—¡Gabriel! Quédate aquí. No te muevas. Ahora vuelvo.

Gabriel todavía podía sentir la mano de su padre presionando su pecho desde aquel día. Fue la última vez que había sentido el tacto de su padre. Ese fue el día que su padre descendió la colina para ayudar a los kayakistas. Las escenas y los recuerdos se intensificaron y comenzaron a moverse más rápido. Gabriel respiraba pesadamente, y su corazón golpeaba más rápido. Experimentó la impotencia que sintió aquel día. Su mente gritaba: «No vayas, papá. ¡No vayas!».

Sabía lo que pasaba en aquel recuerdo, pero quizá podría detenerle esta vez. Volvió a gritar, pero lo único que podía hacer era mirar cómo se desarrollaban los acontecimientos. Después de que el kayakista se fuera hacia las cataratas, todo quedó en silencio. La secuencia se reproducía a cámara lenta, y todo lo que podía sentir era el latido de su corazón. Vio a su padre deslizándose por la colina de grava, con cuidado al navegar entre los árboles y las rocas. Vio el kayak al revés y atrapado debajo de la roca. Vio a su padre utilizar una rama grande para empujar el kayak.

Entonces las imágenes parpadearon y empezaron a desvanecerse. Gabriel se esforzó por concentrarse, llamando a su padre, pero fue en vano. Al igual que las interferencias de una débil señal de radio, la última imagen que vio Gabriel fue la mano de su padre saliendo del agua debajo de la roca, tratando de aferrarse desesperadamente a algo para salir. Cuando el recucrdo se esfumó, el silencio se hizo ensordecedor.

Gabriel se echó a llorar. Sus sollozos retumbaron a través del cañón. Con angustia incontrolable, gritó:

—¿Por qué?... ¿Por qué?... ¡Papá, vuelve! ¡Por favor, vuelve! ¡Por favor!

Gabriel cayó de rodillas en la orilla del río y se cubrió la cara con las manos. Durante varios minutos, lamentó la pérdida de lo que podría haber sido. Lloró la pérdida de su padre.

Finalmente, apartó las manos de la cara. Se limpió la nariz y las lágrimas con la manga, sus ojos estaban rojos e hinchados.

—¿Por qué estoy aquí en el Río? —dijo en voz alta. Su dolor se estaba convirtiendo en ira—. ¡*Tú* lo hiciste! ¡*Tú* lo hiciste! —gritó Gabriel con honda intensidad, y señaló a la dulce agua que fluía—. ¡*Tú* te lo llevaste!

Gabriel cogió todo lo que pudo encontrar para tirar al Río. Lanzó ramas sueltas y puñados de arena. Tomó una gran piedra, la levantó sobre su cabeza con ambas manos y la arrojó al agua en movimiento, acercándose a la orilla por el esfuerzo.

Se tropezó y se estrelló, y cayó en el agua hasta las rodillas. Se puso de pie y pateó el agua con todas sus fuerzas.

Siguió pataleando y agitándose hasta que quedó exhausto. Entonces se dejó caer de rodillas y tomó hondas bocanadas de aire y sollozó. Con manchas de barro salpicado en la cara y el pelo mojado, todo lo que podía oír era el sonido de su respiración y el flujo imperturbable del Río.

Justo en aquel momento, Gabriel oyó el eco de un fuerte chillido a través del cañón. Miró hacia arriba y vio a la criatura majestuosa de nuevo, el halcón blanco de cola roja, planeando en un círculo gigante a por lo menos ciento cincuenta metros de altura.

Un viento cálido sopló a través del Río y en el rostro de Gabriel. El viento le envolvió. En un abrir y cerrar de ojos, Gabriel escuchó aquel sonido otra vez... el sonido que escuchó la noche anterior.

El Río comenzó a agitarse. En un movimiento circular grande, la agitación se volvió más y más rápida.

Gabriel no tuvo miedo. Esta vez, su ritmo cardíaco se ralentizó, y sintió que no estaba solo.

DOCE

La voz del Río

Tumbado en la arena como un muñeco de trapo desgastado, con los brazos extendidos sobre la cabeza, Gabriel miraba hacia el cielo, agotado y emocionalmente desgarrado. Estaba a solo unos metros del Río, considerando todo lo que había sentido en los últimos momentos. Sintió una liberación tras años de emoción contenida, aunque solo el Río y las paredes del cañón hubieran escuchado sus ruegos.

Las palabras del señor Earl volvieron a él. «*El Río sigue su curso, ¿sabes?*».

Gabriel sintió el aire calentándose en el cañón. De repente, sin previo aviso, el agua subió rápidamente, pero no con violencia. Notó cálida el agua que se arremolinaba, y antes de darse cuenta, estaba sumergido hasta los hombros.

Pero no se sentía mojado. Se sentía abrigado.

Gabriel miró hacia el cañón: de arriba abajo y de lado a lado. Lo que vio lo dejó sin aliento. Mientras el Río subía por el cañón, él también fue levantado, permaneciendo con el agua al nivel de los hombros. Trató de saltar a la orilla, pero estaba inmóvil. Todo lo que pudo hacer fue ver la crecida del Río cubriendo la playa, sofocando el fuego y las tiendas de campaña.

La escena era surrealista... fascinante.

Oyó el chillido del halcón blanco de cola roja. Gabriel miró hacia arriba y vio que hacía círculos por encima de su cabeza y descendía cerca de él, tan cerca que podía sentir el movimiento del aire caliente con cada batir de sus alas.

Entonces sintió una sensación aún más extraña. Una mano gigante de agua pasó por debajo de él mientras el Río se levantaba otra vez. La mano le dio la vuelta lentamente, y ahora estaba flotando.

Gabriel se entregó a la experiencia, pero las preguntas se iban acumulando en su mente.

El Río le dio la vuelta para que se enfrentara así a la pared del cañón y al centro de la corriente, donde la agitación había ocurrido. Estaba flotando sobre el agua, que debía cubrir unos seis metros por encima de donde solía estar la playa.

La luz en el cañón se oscureció salvo por el resplandor del blanco halcón majestuoso. La criatura se abalanzó y rozó la superficie del agua con sus garras. Luego, con una sacudida poderosa de sus alas, el halcón se elevó hacia el cielo.

Con cada movimiento de sus alas extendidas, Gabriel podía escuchar el movimiento del aire a través de todo el cañón. Mientras el halcón se lanzaba hacia el cielo, subiendo más y más alto, le seguía un enorme manto de agua y neblina. El Río entró en erupción como un géiser, enviando un chorro de agua a la atmósfera, y elevándose hasta donde llegaba la vista. La luz del cañón se hizo aún más débil cuando el muro de agua comenzó a encenderse.

Unas imágenes comenzaron a reflejarse en el chorro de agua, pero Gabriel apenas podía distinguirlas. Se frotó los ojos, y la primera escena se enfocó. Vio su granja de Kansas. El señor Earl estaba conduciendo su tractor por los campos. La imagen se encadenó con otra de la señora Vonda cocinando. Entonces su madre se detenía con su camioneta en el camino de grava, todavía vestida con su uniforme de camarera. Gabriel podía oír el sonido del motor en marcha, los neumáticos crujiendo en el camino de grava.

Una voz profunda interrumpió con dulzura la banda sonora de su experiencia. «Siempre he estado contigo, Gabriel» dijo la voz.

¿Podía ser... era su padre hablando?

—¿Quién hay ahí? ¿Papá? ¿Papá? ¿Eres tú?

El barítono sonaba como la voz de su padre: profunda, fuerte y reconfortante. Sin embargo, sus preguntas no cosecharon respuestas, solo más imágenes de su vida.

—¡Di algo! ¿Eres tú?

Nada.

—¿Por qué me dejaste aquel día? ¿Por qué saltaste al agua? —Los ojos de Gabriel se llenaron de lágrimas otra vez—. ¡Te he echado de menos! —gritó con dolor—. ¡Te necesitaba, y tú no estabas allí! Aquellos kayakistas se merecían lo que fuera que les pasara. *¿Acaso no era yo más importante que ellos?*

No oyó ninguna respuesta. La imagen se transformó a continuación en un anciano con overol y una larga barba gris, sentado en una mecedora, moviéndose adelante y atrás. Un cartel sobre su cabeza rezaba «Canicas mágicas del Río». Entonces, rápidamente la escena cambió y se vio a sí mismo pescando en el río Arkansas con el señor Earl. Luego, a sus días de escuela primaria, cuando conoció a la señorita Collingsworth por primera vez. Eran todos muy buenos recuerdos, pero Gabriel quería respuestas para sus preguntas.

Entonces las imágenes desaparecieron, y Gabriel pudo oír la voz de un niño pequeño en la distancia.

—¡Papá! ¡Papá!

La pantalla de agua se iluminó de nuevo. Esta vez, había una foto de una bota de senderismo clavándose en el suelo rocoso. Riachuelos de agua corrían por debajo de la bota. Luego, en cámara lenta, la bota resbaló en el suelo fangoso. Gabriel vio desdibujarse la bota y la caída de un cuerpo al agua. De repente la escena cambió y mostró a su padre resbalando en la corriente.

Todo quedó claro para Gabriel. Su padre no saltó al río y lo abandonó. Él nunca tuvo la intención de abandonar a su hijo en la colina aquel día. Había resbalado y caído en la corriente turbulenta.

Apareció la enorme cara de un hermoso perro. Con sus ojos parpadeando y su lengua fuera, Gabriel le reconoció. Era Río. El objetivo de la cámara se alejó, y vio a Río de pie sobre una serpiente muerta el día que se encontró con el perro que le salvó la vida. Gabriel vio cómo la escena cambiaba a varios momentos de su infancia, cuando Río lo consolaba durante sus días difíciles.

Las secuencias en la pantalla de agua desaparecieron, y una voz habló de nuevo. Aún sostenido por el Río, Gabriel cerró los ojos y escuchó, más satisfecho y tranquilo de lo que jamás recordara.

—No debes tener miedo nunca más —dijo la voz—. Sé que no entiendes todo lo que ha sucedido. No puedes. Sé que piensas que estabas solo, pero nunca has estado solo. Incluso cuando no me puedas ver, yo estoy. Aun cuando no puedas oírme, ahí estoy. Fuiste hecho para mí, Gabriel. Fuiste hecho para el Río. Como lo fue tu padre y tu abuelo antes que él. Eres mío. Tu destino está conmigo.

La voz se detuvo. Gabriel miró atentamente al aparecer una escena más: una escena de él mirando sobre su hombro el día que cumplió los doce años. Fue el día en que recibió la bonita pintura del Río que su maestra, la señorita Collingsworth, había pintado para su cumpleaños. Se vio dándole la vuelta al cuadro y la imagen ampliándose sobre lo que ella había escrito. Vio aquella inscripción grabada en la neblina de la pantalla de agua.

Recuerda siempre que eres una obra de arte única y especial. Nunca habrá otro tú. El gran Río te ama.

Gabriel cerró los ojos y experimentó el más dulce descanso que jamás había conocido.

—¡No puedo creer que hicieran eso!

—Fue increíble cuando Rollie trató de llevarte por el acantilado con él.

—Pensé que nunca llegaría al agua.

Las conversaciones se hicieron más y más fuertes mientras los excursionistas emergían de los lindes del bosque. Gabriel les escuchó débilmente al abrir los ojos.

—¡Gabriel! —gritó Jimmy cuando apareció entre los árboles—. ¡Te has perdido un día increíble!

Jimmy se acercó mientras Gabriel se ponía en pie.

—¿Has estado durmiendo todo el día? —preguntó.

—Eh, no. Solo estaba tomando una siesta.

—Es casi la hora de la cena. ¿Qué has hecho durante todo el día?

Aquella era una buena pregunta. Gabriel miró a su alrededor. El campamento estaba exactamente igual que cuando todos se fueron temprano aquel día. El fuego aún estaba encendido. Las tiendas estaban en su sitio. Todo estaba seco y el Río parecía normal. Pero antes todo había sido cubierto con agua. ¿Qué había ocurrido? ¿Había sido un sueño? No podría haber sido un sueño porque era muy real.

Los escombros y rocas que arrojó al río estaban de nuevo donde se encontraban antes de que él los hubiera reunido. Miró hacia el cielo, pero no había ningún rastro del halcón.

—No lo sé, tío. He tenido un sueño muy raro.

—Bueno, se te ve diferente... como si algo te hubiera pasado.

Gabriel no respondió, y Jimmy dijo algo acerca de prepararse para la cena.

A medida que los otros entraban en el campamento, Cig y Hedor fueron a saludarle, lo que Gabriel agradeció. Mientras todo el mundo se estaba cambiando la ropa mojada o preparándose para la cena, Gabriel se acercó al Río y escudriñó el agua.

¿Me estoy volviendo loco?

El sol comenzaba a ponerse detrás de la pared del cañón y provocaba ligeros haces de luz naranja que coloreaban las ondas en el agua. Cerca de la mitad del río y aguas abajo se dio cuenta de algo que reflejaba la intensa luz del sol poniente. El parpadeo brillante provenía del recodo de una gran roca cubierta de musgo (del tamaño de una tienda de campaña para cuatro) que sobresalía de la superficie del río. Caminó por la playa para verlo más de cerca. No podía distinguir qué era aquel objeto resplandeciente. Se metió las manos en los bolsillos de su sudadera con capucha y, sin pensarlo, Gabriel se metió en el agua con la ropa y los zapatos puestos.

—Eh, tío, ¿qué estás haciendo? —le gritó Jimmy.

—Oh, así que ahora vas a nadar —dijo Cig sarcástico.

Hedor lanzó una advertencia.

—Esa corriente va más rápido de lo que parece, Gabriel.

Todos los del campamento se acercaron a la playa para ver a Gabriel. Un coro creciente preguntó si se encontraba bien.

Gabriel no escuchaba. Estaba completamente centrado en la roca. Impertérrito, seguía avanzando. Anduvo pesadamente hasta que el agua le llegó a la cintura, cuando la corriente le desequilibró de repente.

Varias chicas gritaron.

De pronto se dio cuenta de que aquello podía ser peligroso, ya que las cascadas estaban a la vuelta del recodo. Trató de recuperar el equilibrio y levantarse, pero el agua era demasiado fuerte. Le entró un ligero pánico, y trató de nadar contra la corriente.

Fue entonces cuando oyó una voz inconfundible en la distancia hablándole directamente.

—No luches contra él, Gabriel. Simplemente déjate llevar. Pon los pies por delante. Aterrizarás en la roca que hay ahí. —Tabitha habló con autoridad, como si conociese muy bien el Río.

Gabriel siguió luchando contra la corriente de todos modos, ya que era su impulso natural.

—¡Gabriel! ¡Relájate! ¡Simplemente deja que te lleve! —dijo Tabitha, ahora con más fuerza.

Esta vez, escuchó su indicación. Se dio la vuelta sobre la espalda y flotó río abajo. De manera firme y constante, la corriente le dio algunas zambullidas en el lecho del río y lo guió directo al centro del Río, donde fue depositado en un tranquilo remolino. El agua era lo suficientemente profunda para que él se levantara de nuevo.

Con una leve sonrisa, hizo un gesto tranquilizador con su brazo a todos los que estaban de pie en la playa. Luego miró a un recodo en la roca que daba a la playa y no pudo creer lo que vio. Había una canica... su canica... la singular ágata de color azul y gris. Gabriel se arrastró sobre la roca y tomó la canica brillante. Se rio para sus adentros mientras guardaba el tesoro refulgente.

—Encontré mi canica —murmuró—. Eh, miren. ¡Encontré mi canica! ¡La encontré! —gritó de nuevo a todo el mundo entre risas.

—A mí me parece que más bien encontró su tornillo —dijo Cig, provocando algunas carcajadas.

Hedor levantó la mano hacia Gabriel.

—¡Espera ahí! Vamos a tirarte una cuerda. No querrás terminar en las cataratas.

Hedor corrió hacia la camioneta para retomar la cuerda, y cuando regresó, él y varios chavales sacaron a Gabriel del agua y lo devolvieron a la orilla.

Después de que terminaran de comerse una olla de «estofado de vagabundo», como lo llamaba Jimmy, se sentaron alrededor del fuego, bebiendo chocolate caliente e intercambiando historias del día. Rollie ya había encontrado a una chica con la que intimar. Ella se reía y le golpeaba en el brazo con cada comentario que él hacía. Cig había tomado demasiado vino, así que se retiró pronto.

—Señoritas, me dirijo a mi palacio del amor, por si a alguna le interesaría unirse a mí —dijo arrastrando las palabras.

—Es terriblemente amable de tu parte, Cig —dijo una chica con toneladas de sarcasmo.

—¡Quizá la próxima! —intervino otra.

Con Cig retirándose a su tienda, Jimmy hizo reír a todos con su imitación de Hedor saltando del acantilado ese mismo día.

—Stevie parecía un palo gigante abriéndose camino a través de una tela de araña —dijo. Entonces Jimmy agitó los brazos en un movimiento de pantomima.

Uno por uno, fueron yéndose a la cama hasta que solo quedaron Gabriel y Tabitha sentados a ambos lados del fuego. Tabitha miraba tranquilamente las ascuas, y el resplandor anaranjado de las llamas iluminaba su rostro. Gabriel trató de no ensimismarse con su belleza, pero no podía evitarlo.

—No muerdo, ¿sabes? —Tabitha continuó mirando al fuego.

Gabriel no estaba seguro de qué decir o hacer.

—Voy a buscar otro tronco —contestó nervioso.

Regresó, se sentó a su lado y con delicadeza puso el tronco sobre las brasas. Una hermosa lluvia de chispas flotó hacia el cielo. Tras unos instantes, tomó la palabra.

—¿Cómo supiste hoy lo del Río? Ya sabes, cuando me dijiste que me relajara y me dejara llevar.

—He vivido aquí toda mi vida. He recorrido el Río por todo este cañón. De hecho, mi padre dirige un centro de rafting en las cercanías. La mayoría de la gente quiere luchar contra el Río en lugar de confiar en él. No es lo que surge de forma natural, pero siempre es lo mejor.

—La fuerza de la corriente me tomó por sorpresa. Estaba tan concentrado en llegar a aquella roca que realmente no pensé en ello.

—Sí, bueno, ¿cuál es la historia de esa canica?

—Me gusta coleccionar canicas. Sé que es estúpido, pero es algo que he hecho desde que era niño. Mi padre solía jugar a las canicas conmigo.

—No creo que sea una tontería si se trata de algo que te gusta. —Tabitha se inclinó y apoyó la cabeza sobre el hombro de Gabriel. El corazón le latió de emoción. Cuando él se volvió y miró hacia abajo, su pelo suave se apoyó contra su mejilla. Ella olía tan bien... como a flores... o a fresas. El momento terminó rápidamente cuando ella levantó la cabeza hacia arriba.

—Oye, te vas mañana, ¿verdad?

—¿Qué pasa mañana? Jimmy nunca me dice nada. Todo este viaje ha sido un poco sorprendente. —Hizo una pausa por un momento—. Una sorpresa bastante asombrosa hasta ahora.

Tabitha le dio un ligero codazo.

—Mañana vamos a recorrer en balsa el Big Water. Será increíble. Créeme. He recorrido esta parte del Río montones de veces. No te puedes ni imaginar el vértigo que da. Sentir la potencia y la velocidad del agua que te eleva a través del cañón... las cascadas... la belleza del paisaje... y las olas rompiendo sobre ti.

Tabitha hablaba dramática y apasionadamente.

—Hoy te he dejado el día libre, pero mañana *tienes* que venir conmigo.

Gabriel consideró su oferta.

—En realidad nunca he hecho nada así. Un recorrido por el río suena a algo fuera de mi alcance. —Pudo sentir aquellos cosquilleos en el estómago otra vez.

—Tú puedes hacerlo. No puedes conocer plenamente el Río desde la orilla, Gabriel. Tienes que meterte dentro... completamente.

Antes de que él pudiera responder, Tabitha se puso de pie, se sacudió el polvo de la parte trasera de sus pantalones y se ajustó el chal sobre los hombros. Respiró hondo por la nariz y soltó el aire.

—Me encanta venir al Río.

Ella se acercó más, y su cabello cayó sobre su cuello.

—Mañana va a cambiar tu vida —susurró en tono coqueto. Él podía sentir su aliento en la oreja. No se atrevió a moverse. Ella se dio la vuelta y caminó hacia su tienda. Mirando hacia atrás por encima de su hombro, dio por finalizada la velada.

—Buenas noches, Gabriel Clarke.

TRECE

Samuel y el Campamento de Aventura Big Water

La mañana rompió con un cálido resplandor llenando el cañón. La mayoría del campamento empezó a despertarse antes de las ocho de la mañana con la expectativa de un gran día.

Alrededor de la fogata del desayuno, aquellos que ya lo habían hecho dijeron que el recorrido del río a través del Cañón Whitefire sería el punto culminante del viaje. Los veteranos dijeron que este año sería un recorrido especialmente bueno, porque una inusualmente cálida y temprana primavera había derretido la nieve del invierno y había producido un nivel de agua muy alto.

Aguas altas significa aguas rápidas, dijeron. Algunos de los obstáculos en el Río serían más fáciles de maniobrar, pero muchos otros serían más difíciles debido a la velocidad del agua.

Gabriel escuchaba sin decir mucho. Estaba emocionado y asustado al mismo tiempo.

Después de unos huevos con bacon cocinados por Cig, Jimmy anunció que saldrían en quince minutos.

—Tenemos que encontrarnos con Samuel y todos los demás en el muelle a las ocho y cuarenta y cinco en punto —dijo en voz alta. Jimmy siempre lo mantenía todo organizado.

Gabriel pensó en todas las excusas que le sacarían de aquella experiencia del rafting en el río. Sabía que no tenía ninguna, pero quería estar con Tabitha igualmente. Ella ya le había informado de que no aceptaba un no por respuesta. Había llegado el momento de superar su miedo.

Era el momento de vivir de verdad.

Empacaron sus cosas y subieron la cremallera de las tiendas de campaña para que los animales no accedieran a la comida. Gabriel se sentó en el asiento del copiloto de la camioneta de Jimmy, mirando al felpudo de goma del suelo, tratando de mentalizarse a sí mismo ante lo que le esperaba. De camino a su camioneta, Tabitha tocó en su ventana.

Gabriel levantó la cabeza para ver su cara sonriente y rápidamente bajó la ventanilla. Tabitha alzó la mano y le agarró el antebrazo, dándole una sacudida.

—¿Estás listo?

—Listo como nunca lo he estado. —Gabriel dibujó una sonrisa medio ladeada, moviendo la cabeza como diciendo *no puedo creer que esté haciendo esto.*

—¡Va a ser *increíble*! —Los ojos de Tabitha se abrieron todo cuanto podían.

Las camionetas retumbaron por la carretera estatal durante media hora hasta que llegaron a la salida. Jimmy dijo a los demás que sabía exactamente adónde iban porque había hecho el viaje hacía dos años.

—Gabriel, te va a encantar esto, tío. Te lo juro, la primera vez que bajé el Whitefire, me cambió la vida. Te mojarás los pantalones. Así es de divertido.

—Genial —respondió Gabriel—. Por lo menos mis pantalones estarán calientes. Esa agua está realmente fría.

Jimmy se echó a reír.

—Bueno, ¿qué pasa con Tabitha, eh? ¿Eh? —Pegó a Gabriel en el brazo— ¿Está enamorada de ti, o qué?

Gabriel no pudo contener su sonrisa.

—No estoy seguro de por qué está colgada por mí, pero no me quejo.

—Ella conoce estas aguas como la palma de su mano. De hecho podría guiar una de esas balsas, si quisiera. Ella ha estado cerca del Río toda la vida.

—Sí, eso es lo que me dijo. Está realmente bien.

—¡Ya hemos llegado, muchachos! —Jimmy tomó la última curva hacia un angosto camino de grava hacia el muelle. Allí era desde donde saldrían para la excursión de un día al Cañón Whitefire.

Salieron y estiraron las piernas mientras echaban un vistazo. El Río, que tenía aproximadamente unos treinta metros de ancho y una ligera corriente, parecía inofensivo. La vista era, sin embargo, antológica, debido a la forma en que los rayos del sol caían en ráfagas a través de las copas de los árboles, iluminando la corriente.

A medida que se dirigían a la orilla del agua, Gabriel se encontraba cada vez más y más nervioso. Se estaba imaginando todo lo que podía salir mal. Una vez que desatracaran, no habría vuelta atrás.

Cinco balsas de color amarillo pálido estaban dispuestas en el suelo, cerca de la orilla. Al lado de cada balsa se veían las palabras desgastadas *Campamento de aventura Big Water* estampadas en blanco.

Campamento de aventura Big Water. Ver las palabras impresas le dejó una mezcla de sentimientos que no podría describir. Familiaridad. Escalofríos. Dolor. *Papá*.

Los guías estaban hablando entre ellos y completando el papeleo necesario. Cuando terminaron, se dirigieron hacia los campistas con sujetapapeles en la mano. Uno era, obviamente, el líder.

—¿Cómo están todos hoy? —El guía líder sonaba un poco a entrenador de fútbol de la universidad con su voz ronca.

—¡Estamos listos, tío! —Hedor agitó un brazo en el aire mientras los demás gritaban y aullaban unánimes.

—¡Sí, vamos! —gritó Cig.

—¡Vale, esto es lo que quería ver... un grupo entusiasta! —El guía líder sonrió, mirando a los otros guías.

—Va a ser una gran bajada hoy, gente. En serio, grande. Esto va a ser el viaje de sus vidas. Solo necesito que firmen la exención antes de su lanzamiento. Es un rollo estándar... dice que bajan al Río bajo su propio riesgo y que se dan cuenta de que es una actividad peligrosa. —Pasó las tablillas con las exenciones.

—Cuando acaben de firmar, encuéntrense conmigo sobre aquella roca plana—. Les pondremos con su guía, recibirán sus salvavidas, daremos un poco de charla sobre seguridad y entonces podrán hacer el Río.

Los campistas se amontonaron alrededor de los guías y esperaron su turno para firmar sus exenciones.

—¿Ansioso? —Tabitha llegó junto a Gabriel. Él esperaba que ella no pudiera ver el miedo en sus ojos.

—Nunca he hecho algo así.

—Yo estaba nerviosa mi primera vez... y eso que crecí aquí. Pero una vez que subas a la balsa y navegues el primer rápido, encontrarás el valor. Es como si el Río te lo diese *después* de dar el primer paso, pero mucha gente no lo sabe porque nunca se sube al barco. Si no entras, nunca sabrás lo que te pierdes.

Tabitha cambió de tema enseguida.

—Oye, ¡Samuel! Quiero que conozcas a alguien. —Ella empujó a Gabriel hacia donde estaba el guía y lo presentó como el guía más experimentado en el Río.

—Gabriel es novato. Va a ir en nuestra balsa.

¿Vamos a ir en la misma balsa? El corazón de Gabriel saltó con la noticia.

El guía sonrió.

—Muy bien, hombre. Vas a fliparlo. Creo que nuestra balsa es principalmente de navegantes con experiencia, así que es lo que yo llamo un «paseo cien por cien seguro». Estás en buenas manos. Tengo un gran historial.

Samuel parecía un hombre serio a sus treinta y tantos años. Medía sobre el metro ochenta de alto y su constitución era la de un boxeador de peso wélter. No tenía ni un solo gramo de grasa. Llevaba el ondulado cabello marrón corto y oscuro, con algunas canas en las sienes y la barba desaliñada.

—Bienvenido al Río, Gabriel. Creo que voy a terminar de reunir a todos con sus guías.

Anunciaron los equipos, y cada uno de los navegantes se reunió con sus respectivos guías. Tabitha, Gabriel, Hedor, Jimmy y Samuel irían juntos. Samuel llevó a todos a una furgoneta de la empresa, que estaba enganchada a un remolque cubierto que cargaba su equipo de seguridad.

—Adelante, encuentren un PFD que les encaje y un casco.

—¿Un PFD y un casco? —dijo Gabriel.

—Para ustedes, novatos, un chaleco salvavidas y un casco. Y tomen una pala también. Esto no es un crucero de placer. Van a tener que trabajar un poco. —A oídos de

Gabriel, parecía que Samuel disfrutaba con aquella parte del discurso.

—Una vez que estemos en marcha, tenemos alrededor de unos treinta minutos de margen antes de que comience la acción, así que voy a dar nuestra gran charla de seguridad en el agua.

Tabitha se acercó a Gabriel mientras este se ponía el chaleco salvavidas y lo ayudó a ajustar las correas apretadas. Entonces agarró la parte superior de su chaleco a cada lado y tiró con fuerza un par de veces. Su proximidad le hizo estremecerse.

—Tienes que asegurarte de que esté lo suficientemente apretado en caso de que alguien tenga que sacarte del agua.

Samuel estaba dirigiendo al personal.

—Eh, Gabriel, pareces un tipo fuerte. Te pondremos a ti y a Jimmy en la parte delantera de la embarcación. En unos minutos explicaré por qué eso es importante.

Siguiendo las indicaciones de Samuel, su grupo arrastró la balsa desde la orilla hasta el agua. Se metieron con cautela en el agua fría y luego se subieron.

El corazón de Gabriel se aceleró. Se recordó a sí mismo tomar bocanadas de aire lentas y profundas para ayudarse a mantener la calma mientras se sentaba en su lado de la balsa. Buscó un lugar para agarrarse, pero no había. Samuel empujó la barca desde la orilla y saltó. Ellos eran la primera embarcación en el agua.

—¡Levanten los remos, chicos! —Samuel levantó el

remo sobre la cabeza y todo el mundo se unió—. ¡Por el Río y por un gran descenso! —Juntaron sus remos, formando una cresta en el aire.

—¡Yuu-juu! ¡Allá vamos! —gritó Tabitha. Estaba sentada justo detrás de Gabriel. Mientras la balsa bajaba lentamente por el Río, Samuel inició su charla de seguridad.

—En primer lugar, permítanme decir que no quiero a ningún nadador, así que es imprescindible que permanezcan en el barco, y hay tres maneras de hacerlo. Número uno: calzar el pie debajo del tubo que tienen enfrente. Encontrarán una correa pequeña en la parte inferior de la embarcación que les permite meter el pie para hacer palanca. Número dos: mantengan el remo entero hincado en el agua, no solo la punta. La hoja entera empuja contra el agua y te mantiene en la balsa cuando estemos entrando en aguas mayores. Número tres y la más excepcional: puede que les grite «todos adentro», lo que significa que tienen que alejarse del borde y sentarse en el suelo de la balsa, poniendo sus palas rectas en el aire. Es muy importante llegar al fondo de la balsa de inmediato cuando dé esa orden.

Gabriel no tenía ningún problema con ello. Escuchó cómo Samuel hablaba de otros términos como «izquierda atrás», «derecha atrás» y «hombre al agua», pero su guía repitió que no quería nadadores bajo ningún concepto. Practicaron distintos niveles de remo y cambio de dirección de la embarcación. Con cada orden y técnica, Gabriel fue ganando confianza.

El cursillo continuó mientras se movían lánguidamente por el plácido río. Samuel habló del peligro de los «coladores», obstáculos como ramas y atascos por donde el agua puede pasar pero los objetos no.

—Pueden ser arrastrados hacia debajo de estos con bastante facilidad, así que si están en el agua, naden hacia el colador y sobresalgan del agua tan alto como puedan hasta que puedan ser rescatados.

Hablaron de la hidráulica, los salientes y los torbellinos.

—Cuando el agua fluye hacia una hendidura del lecho del río, el agua se vuelca de nuevo sobre sí misma, creando una enorme ola de resaca y succión en el fondo.

Escuchando intensamente, Gabriel digería todo lo que estaba oyendo.

—Si por alguna razón se convierten en un nadador en una de las caídas o torbellinos, y están bajo el agua y revolviéndose como si estuvieran en una lavadora, no se dejen llevar por el pánico. Agarren su remo con ambas manos y levántenlo tan alto como les sea posible fuera del agua. Veremos el remo y les sacaremos. Noventa y nueve veces de cada cien, si alguien se mete en problemas, es porque él o ella ha entrado en pánico, luchado contra la corriente y quedado exhausto. Si están en esa situación, solo dejen que el Río les lleve. Apunten los pies hacia abajo, y vendremos por ustedes. ¿Alguna pregunta?

Gabriel podría haber hecho un millón, pero estaba tratando de recordar todo lo que había oído en la conversación de veinte minutos.

Samuel colocó el remo sobre sus rodillas.

—Vayan a descansar. En pocos minutos, pasado aquel recodo, está nuestra primera serie de rápidos. Será un buen calentamiento para el día.

El agua se movía con suavidad mientras navegaban a través del cañón de piedra arenisca. Gabriel disfrutó de la belleza del entorno natural. Era una perspectiva diferente, una hermosa perspectiva: estar en el Río y ver las dos orillas, los acantilados alucinantes, los altos árboles y las grandes rocas que habían ido cayendo de la montaña y amontonándose en el agua. La vista era realmente magnífica, y la panorámica desde el Río era mucho más visceral y completa.

A medida que su balsa se acercaba a la primera curva, Gabriel podía sentir el ritmo del agua acelerándose. Era inquietante y emocionante escuchar el sonido de los rápidos acercándose, pero sin ver nada.

—Bien, chicos, adelante y permanezcan atentos. Queremos pasar este primer tramo de rápidos a la izquierda de la roca gigante. No se lo pueden perder. Ahí vamos. ¡Adelante!

Después de que Samuel diese la primera orden, nada más comenzar a tomar la curva, se oyó un grito que resonó en todo el cañón. Gabriel había oído ese sonido antes. Miró hacia arriba y vio el halcón blanco majestuoso y misterioso volando en círculos sobre el cañón, como si le estuviera observando.

El primer rápido se estaba acercando. Gabriel sintió el murmullo de la corriente más intensa golpeando la parte inferior de la balsa al tiempo que aumentaba la velocidad. El poder del agua bajo la balsa era increíble.

—¡Adelante! ¡Remen!

La orden de Samuel aunó los esfuerzos de todos armónicamente cuando entraron en el primer rápido, pasando la roca grande a tan solo treinta o cuarenta centímetros. Abajo y arriba, salpicaron mientras el agua pulverizaba la parte delantera de la balsa. Navegaron cuatro rápidos considerables seguidos. Cada vez que sorteaban una ola, Gabriel podía sentir el peso y el poder del agua. Una ola trataría de detenerlos, pero la corriente y su remo les hacían pasar. Los ojos de Gabriel estaban muy abiertos, y su corazón latía con fuerza por el agua helada y por la adrenalina que recorría todo su cuerpo.

—Buen trabajo, chicos. Acaban de pasar por algunos rápidos de clase II y III. ¡Un buen calentamiento para los de clase IV y V que vamos a encontrar más adelante!

¡Estoy vivo! ¡Lo logré! Esto es realmente asombroso. No puedo esperar al próximo rápido. ¡Vamos!

A Gabriel le encantó la idea de que lo estaba haciendo, estaba descendiendo por el Río. Aquello nunca pasaría en Kansas.

—¿Quieres decir que vamos a remar por aguas mayores que esas? —preguntó Gabriel.

—Oh, sí. El Río tiene hoy algo más reservado para nosotros. —Samuel levantó el remo fuera del agua—. Solo tienes que tomarlo como viene y disfrutar de cada momento. No hay dos rápidos iguales. Eso es lo que hace que recorrer el Río sea tan increíble. El Río no juega todas sus cartas a la vez, así que tenemos que aprender a estar cerca y a escuchar bien lo que está diciendo.

Gabriel aún estaba nervioso por lo que le depararía el día, pero como solía decirse, seguiría la corriente. Con cada nuevo rápido, encontró su coraje. Como un niño dando sus primeros pasos y descubriendo lo que es realmente capaz de hacer, Gabriel estaba despertando a una nueva realidad. Con cada momento pasado, quería todo lo que el Río tuviera que ofrecer.

Estaba empezando a comprender por qué su padre solía decir:

—Nosotros los Clarke, fuimos creados para el Río.

CATORCE

Clase V

La mañana descendiendo el Río fue divertida y angustiosa. Algunos de los navegantes, sin embargo, acabaron un poco contusionados. Una joven de otra balsa fue noqueada por una gran ola y acabó sangrando cuando fue golpeada por su propio remo.

Hasta la hora del almuerzo, todos los de la balsa de Samuel se mantuvieron dentro. Estaban teniendo el mejor momento de sus vidas. Con cada rápido conquistado, Gabriel se sentía más vivo, más emocionado y tenía mayor confianza. Se alegró de estar en el Río.

Descubrió que los nombres de muchos de los rápidos tenían significado. Rainbow Falls, por ejemplo, fue nombrado acertadamente a causa de los arco iris que se formaban cuando el agua se pulverizaba al golpear las rocas. Casi todas las mañanas, el sol salía por el cañón en el ángulo derecho y creaba un hermoso prisma en la niebla del Río.

El Exprimidor era otro rápido divertido. Una grieta profunda en el lecho del río daba lugar a una gran ola y a un torbellino. El Exprimidor no era demasiado difícil de navegar, pero si la balsa no entraba con la velocidad correcta, las poderosas corrientes doblaban la balsa por la mitad y «exprimían» a los pilotos fuera de la embarcación.

El Sacacorchos, por el contrario, era muy técnico. Los guías tenían que asegurarse de que zigzagueaban adelante y atrás a lo largo del río para evitar que las enormes rocas pudieran pinchar la balsa y dar problemas.

Gracias a los años de experiencia de Samuel en el Río, la balsa sorteó con éxito Rainbow Falls, el Exprimidor y el Sacacorchos. Su experiencia en el río aquella mañana no podía haber ido mejor para los navegantes, sobre todo para Gabriel. Cuando se retiraron a la orilla para su descanso del mediodía, Samuel les informó de que todavía quedaban dos rápidos más de los importantes durante el viaje.

—Son únicos en su género —dijo—. Pero, repito, el Río ha reservado lo mejor para el final.

Pararon para almorzar en la Curva Mansion, la cual resultó ser un grato respiro de su riguroso trabajo matutino. Curva Mansion era un espléndido tramo del Río, donde apenas había desnivel. En el lado derecho había una pequeña playa donde había espacio para asentar las balsas.

Curva Mansion (llamada así por las imponentes columnas de roca) era un popular lugar para almorzar, tomar un baño o incluso subir unos doce metros hasta una pequeña veranda y saltar sobre un profundo lago.

Veinte minutos después de comer muesli con chocolate y manzanas, Samuel silbó.

—Reunámonos todos aquí, por favor. Debemos repasar un par de cosas antes de terminar el último tramo.

Algunos estaban nadando en el tranquilo remolino, mientras otros seguían picando. Cuando todos se hubieron congregado en torno a las balsas que descansaban en la orilla, Samuel anunció:

—Nos marcharemos en unos quince minutos. Esta última sección del Río es de largo la más peligrosa, pero también la más divertida. A unos ochocientos metros pasada la curva, pasaremos dos rápidos seguidos. El primero se llama Tobogán. La pendiente es empinada, por lo que el agua se mueve rápido. Las paredes del cañón se juntan y forman un pasaje estrecho por donde el agua te aprieta al pasar. Estén preparados porque vamos a avanzar muy rápido. —Hacía gestos con las manos mientras hablaba—. Si llegamos al Tobogán de lado volcaremos y, créanme, ustedes no quieren pasar el Tobogán fuera de la embarcación. El fondo está lleno de cantos rodados y rocas grandes que *podrían* estropearles el día. Inmediatamente después del Tobogán, apenas tendremos tiempo para recuperar el aliento antes de llegar a las Cataratas Widowmaker.

Paró toda cháchara. Nadie dijo ni pío. Todo el mundo escuchaba con toda intensidad lo que Samuel estaba diciendo.

—No les digo esto para asustarles, pero es imprescindible que obedezcan cada orden. Un hombre murió allí la semana pasada. No es broma. Se fue al agua en la primera gran caída y no siguió lo aprendido. Trató de nadar de regreso a una balsa hidráulica, pero entró en pánico y se ahogó antes de que pudiéramos llegar a él. Fue succionado hacia abajo, y eso fue lo último que vimos de él.

Gabriel sintió un nudo en el estómago. De repente, el tono de la jornada se hizo mucho más grave.

—Así va esto, muchachos. —Samuel hizo contacto visual con varios de los navegantes—. He hecho cientos de veces las Widowmaker. Es un tramo verdaderamente impresionante del Río, pero merece nuestro respeto. Podemos y lo haremos de manera segura, pero vamos a tratarlas con respeto y lo pasaremos increíble haciéndolas. ¿Todo el mundo de acuerdo?

—¡Vamos allá! —Jimmy gritó desde el fondo.

La reunión se disolvió y cada uno se dirigió a su balsa. Gabriel sintió que había avanzado mucho. Su confianza en sí mismo y en el Río crecía a cada minuto que pasaba. Pero la charla de Samuel lo sacudió hasta la médula. No podía dejar de pensar en su padre después de oír mencionar las Widowmaker. Había rememorado la escena de aquel fatídico día una y otra vez en su mente, en innumerables ocasiones.

¿Qué pasaría si algo así me sucediera a mí? ¿Realmente esto vale la pena?

Antes de que pudiera sumirse más en la preocupación, Tabitha lo tomó del brazo.

—¡Eh! —dijo Tabitha con emoción contenida—. Tenemos unos minutos antes de salir. ¡Ven conmigo! —Agarró a Gabriel por el codo y comenzó a caminar.

—¿Adónde vamos?

—Ya lo verás. Solo sígueme.

Aplastando piedrecitas bajo sus pies, escalaron unas rocas y pasaron unos árboles antes de llegar a una vista que daba al Río.

—Caramba, es un paisaje hermoso. —Gabriel resollaba un poco por la rápida y vigorosa subida.

—¿Quieres ir tú primero o yo? —Tabitha señaló hacia las tranquilas lagunas, que debían de estar como a doce metros de profundidad.

—¿Qué?

—¡Podríamos saltar juntos!

Finalmente, Gabriel cayó en la cuenta de lo que Tabitha estaba diciendo.

—¿Saltar? ¿Desde aquí? ¡Deben ser cuatro pisos de altura!

—¡Vamos! Será divertido. Yo lo he hecho miles de veces.

Antes de que pudiese responder, Tabitha le besó en la mejilla, le agarró de la mano y gritó:

—¡Uno... dos... tres!

Antes de darse cuenta de lo que pasaba, la siguió y saltó al abismo. Estaban volando. Gabriel se aferró a la mano de Tabitha todo el tiempo que pudo, y después la soltó. Involuntariamente agitó los brazos, porque aún quedaba una larga caída.

—¡Yujuuu!

Cerró los ojos y se preparó para un aterrizaje con los pies por delante. Con un chapuzón considerable, se hundió en el agua fría, pero de inmediato surgió como una pelota de playa sumergida gracias al chaleco puesto sobre su pecho.

Cuando alcanzó la superficie, su primer pensamiento fue encontrar a Tabitha. Allí estaba ella, riéndose a carcajadas, y él nadó hasta ella y le dio un abrazo enorme.

—¡Ha sido impresionante! —gritó—. ¡Oh, vaya!

Gabriel se frotó la cara con las manos y se echó para atrás el pelo mojado.

—Nunca habría hecho eso yo solo.

Su breve beso lo había hecho todo posible.

Se arrastró hasta la orilla y sus amigos le dijeron cosas como: «¿Estás bien?». Gabriel no tenía respuesta, pero sabía que su miedo al futuro se había desvanecido en gran parte. Podía, y lo haría, manejar cualquier cosa que el Río le arrojara.

De vuelta en la balsa, flotaron a lo largo del hermoso cañón como la calma antes de una gran tormenta, preparándose para las aguas bravas que tenían por delante en las Widowmaker. Gabriel se giró hacia Tabitha.

—Voy a cobrarme eso —prometió—. ¡No sé cómo, pero lo haré!

—Ya lo veremos —se rio Tabitha—. ¡Me gustaría tener una foto tuya con esa mirada en la cara! Ya ves, ni siquiera estuviste pensando en las Widowmaker cuando saltaste. ¡Simplemente estabas viviendo!

—Me la has jugado, y lo sabes.

—Por supuesto que lo hice.

Gabriel puso una mueca, pero no le importó... en absoluto.

La voz de Samuel le trajo a la realidad.

—Bueno, gente, vamos a prepararnos. En dos minutos van a comenzar el viaje de sus vidas.

Samuel consiguió que todos se concentraran. En aquel momento, pensó Gabriel, estaba tan preparado como nunca lo había estado. El ritmo del agua se aceleró, y podía oír el rugido de los rápidos tras la curva. Flotaron sobre la curva mientras Samuel guiaba la embarcación, empleando el remo como timón. El nivel de decibelios aumentó considerablemente por el crujido del agua que se anticipaba.

Mientras se preparaba, Gabriel miró hacia arriba y vio al gran halcón blanco dando vueltas sobre el curso de los rápidos. Luego se giró, y llegaron a la entrada del Tobogán. Su miedo se transformó en puro gozo al sentir la balsa moviéndose en los rápidos y subiendo, y bajando... arriba y abajo...

—¡Adelante! —gritó Samuel a lo lejos.

El agua salpicaba por todos lados y sacudía la balsa como un corcho en una lavadora. Gabriel sonreía, porque estaba viviendo el momento más importante de su vida. Gritó y chilló a través de los rápidos mientras la balsa esquivaba las rocas y se abría paso a través de la garganta. Cada vez que una ola azotaba la proa, Gabriel aceptaba la furia del agua y seguía remando. Todos los ocupantes de la balsa gritaban como jovencitas en una montaña rusa.

Atravesaron el Tobogán perfectamente.

Mientras contenía el aliento, Gabriel se dio cuenta de que Samuel permanecía centrado y tenso.

—Está bien... ¡excelente, chicos! ¡Sí! Tienen como un minuto para descansar, ¡y entonces tomaremos las Widowmaker!

Samuel dirigió la balsa para que pudiesen flotar hacia atrás por el Río. Esto les daría el ángulo correcto para las Widowmaker, explicó.

—¡Atentos! ¡Derecha atrás!

Aquella maniobra hizo girar la balsa, por lo que de nuevo fueron hacia la corriente. Gabriel miró hacia delante y vio una enorme roca en medio del Río, y a la izquierda de la roca una gran bajada, seguida de otra por donde desaparecía el horizonte.

Samuel gritó varias órdenes, y todos las siguieron en perfecta coordinación. Pasaron a través de la primera caída con precisión y empujados a una velocidad vertiginosa. Entonces una ola gigantesca se vertió sobre la parte delantera de la embarcación, empapando a todos. Como un toro mecánico retorciéndose, la balsa dio un salto mortal sobre las olas restantes, rozando las rocas bajo la superficie.

Entonces llegó la caída final... las Cataratas Widowmaker. Antes de que Samuel pudiese decir nada, la parte derecha de la balsa se inclinó sobre la izquierda... y la balsa se fue ligeramente hacia ese lado. Samuel gritó una corrección, pero se precipitaron sobre la última cascada... lateralmente.

La balsa amarilla golpeó la parte inferior de las cataratas, y un muro de agua les golpeó con violencia. Al igual que una ballena asesina lanzando un ataque contra un león marino, el Río lanzó la balsa indefensa por los aires, lo que catapultó a todos hacia el agua agitada.

Brazos y piernas se revolvieron, y los navegantes acabaron esparcidos por las aguas revueltas. En cuestión de segundos, Samuel se recobró y se aferró a la balsa, que iba a la deriva boca abajo. Uno a uno los navegantes subieron a la superficie, todos excepto Gabriel. La corriente disminuía a unos cien metros río abajo, y Stevie y Samuel tiraron de la balsa hacia el lado correcto.

—¿Alguien ve a Gabriel? —gritó Jimmy.

Tabitha estaba al otro lado del Río, recuperando el aliento en un remolino que le llegaba a la cintura. Mientras miraban alrededor frenéticamente, Gabriel apareció de entre las aguas bravas y comenzó a flotar en dirección a los otros. Agarrando el remo con firmeza, Gabriel dirigió sus pies hacia abajo y flotó hasta que el agua fluyó más lenta y pudo bajar los pies.

—◈—

Todos celebraron su llegada.

—¿Estás bien? —gritó Jimmy.

Gabriel se encontró con aguas lo suficientemente poco profundas como para ponerse de pie. Se echó las manos a la cara, respiró hondo y estrelló el remo contra el agua como si estuviera cortando leña, porque estaba feliz. Entonces, semejando un guerrero medieval con una lanza en la mano, levantó el remo por encima de su cabeza una y otra vez.

—¡Sííí! ¡Lo conseguí! ¡Lo conseguí! ¡Sí! ¡Yuuujuu! —Gabriel hizo retumbar el cañón con su grito de guerra. Supo que su miedo y la indiferencia se habían hecho añicos... para siempre.

El Río había descubierto un mundo completamente nuevo para él. Un mundo para el que estaba destinado. Un mundo al que pertenecía.

Estaba seguro de que su vida ya nunca sería igual.

QUINCE

La última noche

La última noche antes del viaje de regreso a Kansas, todos los campistas se sentaron alrededor de la fogata, reviviendo la increíble experiencia que habían tenido en el Río aquel día. La mayoría estaban agotados y listos para irse a casa. Otros, como Gabriel, querían quedarse.

Su día de navegación lo había transportado a otro mundo. El Río había capturado a Gabriel de una manera especial, y no estaba solo.

—¿Viste lo alto que voló Hedor cuando salió volando de la barca en las Widowmaker? —Jimmy se golpeaba el muslo de la risa.

—Apolo 11 a la Luna —dijo Rollie—. Hablamos desde las nubes.

Hedor se puso en pie tranquilamente y se inclinó como un mayordomo desgarbado.

—A su servicio —bromeó, y todo el mundo se echó a reír aún más. Las conversaciones y el intercambio de historias se prolongó hasta altas horas de la madrugada, con los rostros iluminados por la luz del fuego.

Hacia las 2:30 de la mañana, todos los campistas cansados se habían ido finalmente a dormir... a excepción de Gabriel. Su cabeza daba vueltas a todo lo que había experimentado en aquellos pocos días. Su cuerpo se encontraba entumecido por el cansancio, pero su mente corría. Se levantó y se fue a un tronco viejo al lado del río. Pensó en la agitación del agua... en el blanco halcón de cola roja... en el encuentro curativo en el Río. Saltar desde las rocas en la Curva Mansion con la chica que le había robado el corazón, así como navegar sobre el gran caudal, había abierto un mundo completamente nuevo para él.

Nada es comparable a lo que he vivido aquí. ¿Cómo puedo volver a mi trabajo sin futuro después de esto?

—¿Cómo es que no estás durmiendo todavía? ¿No estás cansado? —Tabitha puso su mano sobre su hombro mientras se sentaba en el tronco a su lado. Gabriel pensaba que ella se había ido a dormir a su tienda. Se sintió agradecido de que no fuera así.

—No puedo desconectar mi mente. No queda mucho tiempo antes de irnos por la mañana, y quiero absorberlo un poco más.

—Por eso me he quedado aquí... cerca del Río. Es todo lo que conozco. Es lo único que *quiero* conocer, de hecho. Nunca me aburro aquí. —Tabitha miraba fijamente hacia delante con ensoñación—. Siempre hay una nueva aventura, algo emocionante a la vuelta de la esquina. Estoy segura de que veré otros lugares, pero siempre voy a querer estar con el Río, vaya donde vaya.

Tabitha hablaba apasionadamente. Tras unos momentos de silencio, se deslizó hasta la arena frente a él. Se echó boca arriba en la playa y miró hacia las estrellas.

—Ven aquí. —Ella dio unas palmaditas en la arena a su lado. Gabriel no perdió el tiempo. Se acostó a su lado y miró las estrellas sobre la cúpula celeste—. Hace una noche tan clara... —dijo Tabitha—. ¿No te parece que hay algún tipo de luz potente detrás del cielo nocturno, como si Dios hubiese hecho agujeros en la oscuridad para darnos un pequeño atisbo de lo que hay al otro lado?

—Ves las cosas de una manera única... como nadie que yo haya conocido.

—¿En serio? Tal vez sea porque la mayoría de las personas no se toman el tiempo para *ver* realmente lo que hay a su alrededor. Mi madre me dijo que cuando yo tenía cinco años, podía ir por ahí simulando que llevaba una cámara y tomando fotos de todo lo que pensaba que era hermoso. Me dijo que yo decía: «No quiero olvidar nada, así que estoy tomando fotos». Creo que en cierto sentido nunca he dejado de hacer eso. Cuanto mayor te haces, sin embargo, más fácil es olvidarse de utilizar la «cámara».

—Caray. Eso es increíble. Creo que me he pasado la mayor parte de mi vida mirando imágenes mentales del pasado. No eran buenas fotos, así que tal vez me he perdido cosas en el camino.

—Creo que todos somos culpables de eso. Mi madre tenía un pequeño poema que solía recitar:

El ayer se ha ido y no lo puedes cambiar.
No hay garantías para el futuro, lo tienes que guardar.
Es mejor el ahora, vívelo y no lo quieras desperdiciar.

—Tu madre parece una mujer muy especial.

—Lo era. La echo mucho de menos.

Gabriel no estaba seguro de qué decir. Después de unos momentos de silencio, preguntó:

—¿Murió?

—Sí. Perdió su lucha contra el cáncer hace ocho años. Yo tenía trece. Era la persona más increíble que he conocido.

El corazón de Gabriel se entristeció por ella. No podía creer que hubiera perdido a uno de sus padres también.

Tabitha se dio la vuelta y se apoyó sobre los codos. Cogió un medallón que colgaba alrededor de su cuello y lo abrió.

—Es ella. —Sostuvo el medallón de oro ante Gabriel. Él se sentó y se lo acercó.

—Es hermosa. Te le pareces. ¿Cómo se llamaba?

—Alaina... Alaina Fielding. Todo el mundo la llamaba Laney. Su madre, mi abuela, era francesa. Grandmère me dijo que Alaina significaba «roca pequeña». Mi madre lo

184

pasó muy mal incluso antes de su cáncer, pero nunca se quebró. Creo que su nombre refleja su carácter.

—Entonces, ¿qué significa Tabitha?

—Oh, no. Tenía miedo de que me lo preguntaras.

—Vamos, dímelo.

—Está bien, pero no te rías. Significa... gacela. Yo habría preferido algo del estilo de «noble princesa» o «divinidad», pero bueno, ¿qué le voy a hacer?

Los dos se rieron.

—No sé. Creo que el nombre te encaja. Las gacelas son rápidas, elegantes y visualmente despampanantes —Gabriel no podía creer que estuviera siendo tan audaz.

Su conversación fue interrumpida por un sonido extraño. Tabitha se llevó la mano a la boca cuando vio lo que era.

—Oh, Dios mío. —Tabitha se giró hacia el otro lado. Gabriel se animó y se dio la vuelta hacia el bosque para ver qué se estaba moviendo.

—¿Me tomas el pelo? —Gabriel comenzó a reírse.

Era Cig, tambaleándose y eructando de manera intermitente, aliviándose sobre un árbol.

—Menos mal que está oscuro —comentó Tabitha.

—Sí, *nadie* tiene por qué ver eso —sonrió Gabriel. Los dos se dieron la vuelta y se echaron a reír histéricamente. Después de que Cig se hubo retirado a sus aposentos, Tabitha se puso en pie.

—Ven conmigo. Quiero enseñarte algo.

¿Esta chica nunca deja de moverse?

Se levantó y se sacudió la arena de la parte trasera de su pantalón.

—Aquí, gírate. —Tabitha lo ayudó con la arena de su trasero. Entonces le agarró la mano y lo llevó río arriba por la playa y hacia al bosque.

—No veo nada —dijo Gabriel.

—Solo sígueme —dijo Tabitha con confianza.

Se abrieron camino a través del bosque a la luz de la luna, esquivando ramas y pisando leños caídos y troncos. Después de varios minutos, llegaron a una gran roca que se adentraba en las aguas tranquilas. Se detuvieron y se sentaron sobre la roca, uno al lado del otro, mirando la luz de la luna reflejándose en el agua con un suave resplandor.

—No puedo creer que este viaje haya terminado. No quiero que termine. —Gabriel miró directamente a Tabitha —. Estos pocos días han sido increíbles.

—No tiene por qué terminar —dijo ella con ternura.

—¿Qué quieres decir?

—Me refiero a que la temporada de rafting está a punto de comenzar... podrías venir para pasar el verano.

—Tengo un trabajo en Kansas al que tengo que regresar. Mi madre está allí, y el señor Earl podría necesitar mi ayuda en la granja —Gabriel se vio frustrado.

—Dirigimos el servicio de rafting y un programa tutelado para guías durante todo el verano. Podrías venir y trabajar conmigo. Hay toneladas de cosas que hacer. El campamento de aventura está lleno de buenas personas que se lo pasan estupendamente durante todo el verano. No pagan mucho, pero estarás aquí, conmigo... en el Río.

Pero, ¿qué pasaría con su madre? ¿Cómo sobreviviría el señor Earl sin una mano adicional en la granja? Y tendría que decir al señor Baggers del Five & Dime que abandonaba el puesto.

Pero él quería estar con Tabitha. Quería estar con el Río.

Su mente estaba en un tira y afloja. Aquella era una encrucijada en su vida. El Río había abierto un mundo completamente nuevo para él. Tabitha parecía demasiado buena para ser verdad. Una chica que vio más allá de sus inseguridades y se acercó a él con fuerza y gracia.

Sin embargo, aquellas mismas inseguridades y dudas surgieron a la superficie una vez más.

—No sé. Has estado conmigo durante unos pocos días. Quizá no me quieras cerca mucho más tiempo. Además, no sé nada de cómo trabajar en un campamento de aventura.

—Bueno... es cosa tuya... pero te aseguro que nos divertiríamos mucho. ¿No quieres volver a recorrer el Río? Hay muchas partes del Río que aún no has visto.

—Lo sé. Me encantaría volver a hacerlo... y otra vez. Después de hoy, creo que jamás tendré suficiente.

Tabitha miró en lo profundo de sus ojos.

—¿No quieres volver a verme?

—Por supuesto que quiero. —Esta vez, Gabriel no dudó al responder cuando le devolvió la mirada—. Es solo que...

Antes de que Gabriel pudiese acabar la frase, ella se inclinó rápidamente y le dio un beso en los labios. Y después otro... más largo. Su corazón latía con fuerza, y sintió la adrenalina corriendo por todo su cuerpo. La forma en que ella olía, cómo sabía. Ninguna chica le había besado así antes. No sabía qué hacer. Estaba paralizado. Tabitha se apartó y se apartó el pelo hacia detrás de las orejas. El silencio era ensordecedor.

—Lo siento... pensé que... —Tabitha no pudo acabar la frase—. Buenas noches, Gabriel.

Se levantó y se dispuso a marcharse.

—¡Espera!

Ella siguió caminando.

—Tabitha... por favor. No te vayas aún.

Ella se detuvo por un momento y miró atrás. Tenía los ojos rojos y llorosos.

—Buenas noches —dijo.

¿Qué he hecho? Todo ha pasado tan rápido...

Eran las cuatro de la mañana. Gabriel se sentó en la roca, desconcertado por lo sucedido. Había soñado con una chica como ella y un beso como aquel. Luego dio vueltas una y otra vez en su mente a por qué las cosas habían terminado tan mal. Pensó en su oferta y en si Kansas seguía siendo el lugar para él.

Todavía estaba pensando cuando salió el sol.

Un cielo nublado y una fina lluvia hicieron acto de presencia en el cañón cuando empezaron a empacar sus tiendas y a recoger sus pertenencias. La fría llovizna parecía simbolizar la tristeza de tener que irse. Jimmy no paró de dar prisa a sus muchachos para cargar y ponerse en camino.

—Bien, creo que eso es todo. Hedor, ¿recuperaste todas nuestras ollas y sartenes?

—Afirmativo, señor —saludó Hedor.

Rollie terminó de decir adiós a una de las chicas que había conocido en el viaje. Sus cabezas parecían estar unidas entre sí por la boca. Cig se encontraba en el asiento delantero, recostado con las manos en la cabeza, quejándose de la borrachera de la noche anterior. Jimmy se puso en el asiento del conductor y cerró dando un portazo.

—¡Ay! No tan fuerte, tío. Me duele el cerebro.

—¿Qué pasa, Cig? ¿Un poco sensible esta mañana? —Hedor se asomó por la puerta lateral de la furgoneta.

—¡Gabriel! ¡Vamos, hombre! —Se volvió hacia los demás—. ¿Qué está haciendo? ¿No se ha dado cuenta de que está lloviendo?

Gabriel estaba de pie en la orilla, mirando hacia el Río. Se dio la vuelta lentamente, se subió la capucha de su sudadera por encima de la cabeza y caminó de regreso, buscando en la playa cualquier signo de Tabitha. Su corazón le oprimía.

Sin duda se hubiera despedido, pero no había ni rastro de ella en ninguna parte. Tal vez se había ido con uno de los primeros coches cuando él no estaba mirando. Echando un vistazo sobre la playa una vez más, se dio media vuelta, subió a la camioneta de Jimmy y cerró la puerta.

Jimmy arrancó la camioneta y la puso en marcha.

—Volvemos a Kansas, muchachos.

Nada más empezar a moverse, se escuchó un golpeteo en la puerta lateral.

—¡Eh! ¡Esperen! —gritó Tabitha.

Gabriel se emocionó al verla. Jimmy detuvo la camioneta.

—No puedes irte sin decir adiós —dijo. Gabriel apenas podía oírla a través de la ventana cerrada porque la lluvia había comenzado a intensificarse. Abrió la puerta y bajó.

—No sabía dónde estabas —dijo. Entonces se dio cuenta de que todos los chicos les estaban mirando—. Chicos, ¿me dan un minuto? —preguntó Gabriel. Alejó a Tabitha de la camioneta—. Siento mucho lo de anoche. Yo solo...

—No pasa nada. Pero tienes que volver, Gabriel. Mi oferta sigue en pie. Ven a pasar el verano conmigo en el Río. El campamento para guías comienza en dos semanas. No te arrepentirás—. La lluvia le chorreaba por toda la cara.

Tabitha se abalanzó hacia él y se abrazaron durante varios minutos, ajenos al diluvio.

Después de despedirse, se preguntó si Tabitha... y si el Río... estaban viendo por última vez a Gabriel Clarke.

Tenía algunas decisiones importantes que tomar.

DIECISÉIS

La despedida y el Diario

—¡GABRIEL! ¿QUÉ ESTÁS HACIENDO? ¡NECESITO ESOS CAS-cos de refresco apilados antes de que te marches!

Gabriel era consciente de que su ensoñación era una fuente de frustración para el señor Baggers. Desde su regreso a Cairo hacía un par de días, tenía problemas para reincorporarse al Five & Dime. No podía quitarse el viaje al Río de la cabeza. En casa, se encontraba a sí mismo observando la pintura de la señorita Collingsworth y reviviendo mentalmente aquellos días increíbles dentro y fuera del agua.

Se acercaba junio, y solo le quedaban unos días para decidir qué hacer con la invitación de Tabitha. La echaba muchísimo de menos, pero no había reunido el suficiente valor para llamarla. Había muchas cosas que considerar y lo estaban volviendo loco.

EL RÍO

Regresar a su antigua vida no poseía mucho atractivo.

Todo era diferente. Había experimentado algo más grande que él, y quería más. Aquel era su destino. Las palabras de su padre resonaban en sus oídos: *Nosotros los Clarke, fuimos creados para el Río.*

Pero algo le impedía dar aquel paso de fe.

—¿Me has oído? ¿Están todos los refrescos apilados? Gabriel interrumpió su ensueño.

—Ya está, señor B. ¿Puedo irme ahora?

—Supongo que sí.

Gabriel se metió en su vieja camioneta Ford y se dirigió a la granja. Era una noche cálida y perezosa de jueves en Cairo. Se detuvo en el establo donde habitualmente estacionaba su vehículo. Salió y le lanzó un silbido a Río. Por lo general, su fiel perro corría a su encuentro en la parte delantera de la propiedad, pero los últimos días iba un poco lento. Río galopaba por la parte trasera del granero con la lengua fuera.

—Eh, amigo. ¿Te encuentras bien? —Gabriel se arrodilló y lo sujetó por detrás de las orejas y le rascó la cabeza. Río se animó un poco, pero todavía parecía aletargado.

—Puede que haya comido algo que no debiera. Ya lo ha hecho antes. —El señor Earl también apareció por detrás del establo.

—No parece el mismo.

—Bueno, se está haciendo mayor. ¿Quién sabe exactamente cuántos años tiene?

192

—¡La cena está lista! —graznó la señora Vonda desde el porche delantero.

—La voz de esa mujer se escucha fuera del condado. —El señor Earl meneó la cabeza. Gabriel se rio entre dientes—. Mejor será que vayamos.

———— ⸙ ————

Aquella noche, la cena era una de las favoritas de Maggie: pollo frito rebozado y bollos. Uno de los puntos positivos de la vida en la granja durante todos aquellos años era compartir las comidas y disfrutar de la cocina de la señora Vonda. La señora Vonda siempre preparaba judías verdes frescas cocidas con bacon y algún tipo de pastel de postre para acompañar el menú.

Maggie estaba ayudando a poner la mesa del comedor cuando llegaron los hombres.

—¿Se han lavado las manos, caballeros? —preguntó mientras disponía los últimos dos vasos de té helado sobre la mesa.

—Sí, señora —respondieron los dos al unísono.

Los cuatro se sentaron en la mesa pintada de blanco. El señor Earl se quitó su sombrero de John Deere y lo arrojó al sofá, la señal para inclinar la cabeza en oración mientras el hombre mayor daba gracias.

—Señor, te damos gracias por esta comida. Que alimente nuestro cuerpo para tu servicio.

—Amén —dijeron a la vez.

Los Cartwright no eran muy religiosos, pero nunca se olvidaban de dar gracias al buen Dios por Su generosidad y provisión cada vez que se sentaban juntos a comer.

El sonido de los cubiertos de servir repicando contra los diversos platos de comida llenaba el comedor. Unos minutos después de avanzada la comida, finalmente se inició la conversación.

La señora Vonda estaba cortando su muslo de pollo frito cuando se volvió hacia Gabriel.

—Háblanos de tu viaje con los chicos. No te hemos visto mucho, y a todos nos gustaría saber algo. No te metiste en problemas, ¿verdad?

—Sí, cariño. Me muero de ganas de oír hablar de ello —intervino Maggie. Sentía a Gabriel distante, aunque parecía que estaba centrado, así que no quería forzar las cosas.

—Fue un buen viaje. —Gabriel siguió comiendo, pero una sonrisa enorme se apoderó de su rostro. No podía contener su alegría.

La intuición materna le decía que había más.

—No te vas a librar tan fácilmente. Tu cara lo dice todo. ¡Vamos! Cuéntanos qué pasó. —Maggie se emocionó de verlo tan contento.

—Acampamos... caminamos un poco... no fue gran cosa.

—Estás ocultando algo. ¡Lo sé! —Maggie le insistió mientras untaba mantequilla en un bollo. El señor Earl y la señora Vonda solo escuchaban.

—¡Vale! ¡Vale! Conocí a una chica. No fue gran cosa.

—Si no fue gran cosa, entonces cuéntanos algo de ella.

El rostro de Gabriel se puso rojo de vergüenza. Trató de cambiar de tema.

—Recorrí los rápidos... fue tremendo. No se pueden imaginar los cañones y la belleza del Río. Al principio no quería hacerlo, pero Tabitha me convenció de que fuera...

—Tabitha... así que ese es su nombre, ¿eh? —Maggie hablaba con una sonrisa celosa.

—Saltamos juntos desde un acantilado a doce metros sobre el agua. Ella estaba en mi balsa. Fuimos a través de rápidos de clase V, lo que puede resultar súper peligroso. Deberían haber visto a Hedor volando fuera de la balsa. Fue increíble. —Las frases salían a borbotones de la boca de Gabriel. Parecía que no se detendría ni para respirar.

Maggie no podía creer lo que estaba oyendo. *¿Mi Gabriel? ¿Haciéndose amigo de una chica y bajando en balsa por unos rápidos tan grandes?*

—¡Esta chica *debe* ser alguien si ha conseguido que hicieras todo eso!

—No fue solo Tabitha... aunque sin duda ella era asombrosa. El Río en sí mismo era espectacular. Como nada que haya experimentado jamás. Me refiero a que... hay mucho que explicar. Me sentí como si reviviera o algo así.

La pasión de Gabriel se intensificó.

—Hubo momentos en los que parecía que el Río me hablara. Sé que suena raro —sacudió la cabeza—. Sentir el estruendo de los rápidos levantándote a través del cañón, y luego quince minutos más tarde nadar en remolinos tranquilos... es distinto a cualquier otro lugar.

Entonces se acordó de otra cosa.

—Había un hermoso halcón blanco con las plumas de la cola de color rojo que fue apareciendo en diferentes momentos. Era como si el halcón estuviera allí solo para mí. Se los aseguro, fue increíble.

Todo el mundo estaba hipnotizado por su discurso.

—¿Qué más nos puedes contar? —preguntó su madre.

—Quiero decir, era como mi papá estuviese allí conmigo, ¿saben lo que quiero decir? —Tomó otro bocado de su pollo.

Maggie se quedó sin habla. El señor Earl y la señora Vonda simplemente se miraron el uno al otro desde el otro lado de la mesa. Nadie supo qué decir cuando mencionó a su padre.

—Eso está muy bien, cariño —Maggie no estaba segura de cómo responder.

—Quiero volver —declaró su hijo.

—Buena idea. Deberías regresar el año próximo. Tal vez podría convertirse en una tradición o algo así.

—No, me refiero ahora. Quiero volver ahora. Me han invitado para ir a trabajar en el campamento de rápidos con el padre de Tabitha.

Aquella noticia le cayó a Maggie como una bomba. Gabriel sonaba como si en su mente ya estuviera hecho. Su semblante decayó.

—¿Y tu trabajo? ¿Y qué hay de la granja? El señor Earl podría necesitar...

—Me las arreglaré —interrumpió el señor Earl.

—¿Cuánto tiempo estarás fuera? —preguntó ella.

—Casi cuatro meses. Ellos necesitan ayuda de junio a septiembre. Si voy a hacerlo desde el principio, tengo que salir el sábado.

—Solo quedan dos días —Maggie se desanimó ante la idea de la partida de Gabriel. Desde que vino a vivir con ella cuando tenía cinco años, nunca había estado ausente durante mucho tiempo.

En el fondo de su corazón sabía que aquella podría ser una buena oportunidad para su hijo, pero estaba preocupada. Le preocupaba que algo malo pudiera suceder. Le preocupaba su bienestar en el Río y el constante recuerdo de la pérdida de su padre. Le preocupaba qué haría ella sin él. Había sido su vida durante los últimos quince años.

—Si me disculpan —Maggie dejó la servilleta sobre la mesa y se levantó.

—¿Algo va mal, mamá?

Maggie esperaba que su decepción no se notara.

—Lo siento... todo esto parece terriblemente inesperado.

La señora Vonda habló.

—Sé exactamente cómo te sientes, querida.

Maggie se sentó de nuevo reverente a escuchar lo que la señora Vonda tenía que decir.

—Te sientes como si todo tu mundo se derrumbara cuando los hijos dejan el hogar —dijo la anciana—. Earl y yo nos sentimos así cuando nuestro primer hijo dijo que quería unirse al ejército justo después de lo de Pearl Harbor. Tenía veinte años en aquel momento.

—Ya era un hombre. Debía tomar sus propias decisiones —dijo el señor Earl—. El Río suena a un lugar muy emocionante, si quiere saber mi opinión. —El señor Earl miró a Gabriel con una leve sonrisa mientras se servía una segunda ración de pollo y judías—. Y sientes una conexión con tus raíces cuando estás allí. ¿Estoy en lo cierto?

—Sí, señor. Lo único que sé es que no voy a ninguna parte aquí en Cairo. El Río me enseñó que hay mucho más que experimentar por ahí. No quiero perdérmelo apilando refrescos con el señor Baggers.

Gabriel se volvió hacia su madre.

—Volveré, mamá. Yo crecí aquí. Me has dado una vida fabulosa en Kansas. Pero es como si el Río me estuviese llamando de nuevo... de vuelta a casa... y tengo que ir.

El corazón de Maggie dio un vuelco. El señor Earl estaba en lo cierto: su hijo ya era un hombre. Tenía que seguir a su corazón.

—Quiero que tengas cuidado —dijo.

—Lo tendré... sabes que lo tendré.

Después de decirle al señor Baggers que aquel era su último día, Gabriel condujo hasta casa y terminó unas pocas tareas de última hora para el señor Earl.

Había pasado el atardecer. Ahora, todo lo que le quedaba por hacer era empacar para su viaje. Mientras cargaba una pesada caja de cartón en el camión, escuchó un quejido de Río, que se encontraba tendido al lado del neumático delantero. Gabriel se sentó a su lado y le acarició la gruesa piel del cuello.

—Bueno, chico. Ya está. Mañana me voy. Pero solo será un rato. Estaré de vuelta antes de que te des cuenta.

Río gimió y empujó la cabeza sobre el regazo de Gabriel.

—Yo te encontré en el Río, ¿verdad? Sí, tú me salvaste la vida. En algún momento, quiero que conozcas a Tabitha. Es guapa. Sé que te gustaría, también. Volveré por ti. —Gabriel se inclinó y acercó su frente a la de Río—. Te voy a echar de menos, chico.

—Yo sí *te* voy a echar de menos —la voz de su madre surgió de la nada. Estaba junto a la camioneta sosteniendo un pequeño paquete.

—Gracias, mamá. También yo te voy a echar de menos. No te preocupes. Pronto estaré de vuelta.

Maggie se acercó a Gabriel y a Río, con los ojos húmedos e hinchados.

—He estado esperando el momento adecuado para darte esto. Supongo que ahora es un momento tan bueno como cualquier otro. —Le tendió a Gabriel un sobre acolchado grande, plano y marrón con el extremo arrancado. El arrugado sobre estaba sucio del manoseo.

—¿Qué es? —Gabriel se puso en pie y se sacudió el polvo de sus pantalones vaqueros.

—Lo encontré en un bolsillo de mi maleta cuando me mudé a Kansas. Nunca tuve la ocasión de devolvérselo.

Sus ojos volvieron a llenarse de lágrimas.

—Cuando me dijiste que querías volver al Río, supe que deberías tenerlo. Es muy especial. —Le extendió el paquete.

Gabriel metió la mano en el sobre y sacó un libro encuadernado en cuero. La ausencia de luz hacía que fuera demasiado oscuro para leer, así que abrió la puerta de la camioneta y encendió las luces.

Dio la vuelta a la parte delantera de la camioneta y mantuvo el libro delante de los faros; partículas de polvo bailaron en los rayos de luz cuando Gabriel miró más de cerca el libro de piel de aspecto antiguo. La cubierta era de cuero suave de color marrón oscuro, y estaba rayada y manchada. Las páginas eran gruesas, como de pergamino. Gabriel abrió la portada y la primera página decía: «Diario del Río, 1931». En la parte inferior de la página, escritos a mano, estaban los nombres «R. Allen Clarke» y en una tinta diferente, más oscura, «John W. Clarke».

—¿Es el diario de papá? —Gabriel pasó las páginas y vio las notas, diagramas e imágenes dibujadas a mano, así como las entradas del diario de décadas atrás.

—Era de tu abuelo cuando era joven. Se lo pasó a tu padre antes de morir. Hablaban del Diario muy a menudo. Casi no hubo un momento en que tu padre no llevara este diario con él. Lo vi leyendo y escribiendo en él más veces de las que podría contar. Tu padre decía que contenía los caminos del Río. «La sabiduría de décadas de recorrer el Río y explorar los cañones se encuentra en este libro», decía.

Gabriel se sentó, mudo. Siguió pasando las páginas lentamente. El sonido de sus dedos sobre las páginas ásperas fue como un momento sagrado para él. Leyó un par de frases debajo de un cuadro dibujado a mano de una formación rocosa sobre la que se derramaba una lluvia torrencial que la envolvía. La entrada decía:

Hoy estoy de nuevo sobrecogido por el Río. Esta gran roca no estaba aquí ayer. Se cayó durante la noche debido a la fuerza del agua, que aflojó la tierra alrededor de ella. Día a día, poco a poco, la roca nunca será la misma. El Río está dando forma todo cuanto hay en su camino, incluyendo esta roca. Cuando el agua choca con ella, un arte nuevo y hermoso se crea. Quisiera que todos experimentaran el "arte" del Río.

R. Allen Clarke

En otra entrada leyó:

El Río nunca duerme. Siempre está en movimiento, incansable en la búsqueda de su destino. El Río está vivo.

R. Allen Clarke

Aproximadamente a las tres cuartas partes del libro, un hermoso dibujo al carboncillo de un niño pequeño le llamó la atención. Su padre había escrito esta nota junto a él:

No puedo esperar a que Gabriel tenga la edad suficiente para disfrutar de esto conmigo. Con tres años, ya es muy fuerte y luchador. Lleva al Río en él. No tiene miedo. Hoy me dijo: Papá, voy a ser más fuerte que tú. Creo que algún día lo será.

J. W. C.

Gabriel cerró el libro con cuidado y lo apretó contra su pecho con una mano. Se volvió y miró a su madre.

—Gracias —susurró, extendiendo su otro brazo. Él y su madre se abrazaron.

—Por favor, ten cuidado, Gabriel. —Su madre no tuvo éxito al contener las lágrimas—. No puedo imaginar que...

—No te preocupes, mamá. Estaré de vuelta antes de lo que piensas. Esto es para lo que se supone que estoy hecho.

—Lo sé. Lo sé. —Ella le dio un último abrazo y se dirigió hacia la casa.

—¿Mamá?

Se dio la vuelta.

—El Diario... de algún modo le trae de regreso.

Ella asintió y siguió adelante.

Gabriel se sentó de nuevo junto a Río, y bajo el resplandor de los faros de la camioneta, comenzó a hojear más el Diario. Conectó con su pasado... y empezó a descubrir las posibilidades de su futuro.

⁓⁓⁓

El sol no había salido aún, pero el resplandor de su aparición inminente daba color al cielo. El señor Earl, la señora Vonda y Maggie estaban presentes para despedirlo. El señor Earl no dijo mucho, sino que mantuvo sus manos dentro de los bolsillos del mono. La señora Vonda le dio una cesta de golosinas para el camino. Su madre se secó lágrimas de orgullo de sus ojos.

Todos sabían que aquel era el viaje correcto para Gabriel... no era fácil, pero sí correcto. Después de un último achuchón de su madre, Gabriel subió a la camioneta y arrancó. Bajó la ventanilla.

—¡Nos vemos en septiembre! —Gabriel agitó su brazo izquierdo fuera de la ventanilla mientras se alejaba. Su nuevo tesoro, el Diario, estaba situado en el asiento de al lado.

—Tengo la sensación de que serán más de cuatro meses —dijo el señor Earl cuando se dirigía hacia el granero.

DIECISIETE

No más Kansas

Catorce horas de conducción solitaria, la mayor parte por la autopista 70 en dirección al oeste, le dieron a Gabriel un montón de tiempo para meditar sobre lo que el viaje al Campamento de Aventura Big Water significaba para él. Ciertamente, sintió una recién descubierta libertad una vez hubo dejado Kansas en el espejo retrovisor. Al igual que un aguilucho abandona el nido colgado en lo alto de un acantilado para descubrir sus alas, Gabriel también saltó a la libertad. Tenía sus buenos recuerdos de Kansas, pero la vida allí incluía un montón de angustia y soledad.

Claro que se sentía a salvo (incluso querido) en Cairo. La pequeña ciudad y los amigos de la infancia era todo lo que había conocido durante la mayor parte de su vida. En su corazón, sin embargo, sabía que la vida tenía algo más reservado para él. El problema era que no había sabido por dónde empezar. Tuvo que ser Jimmy quien le mostrara el camino. Se rio entre dientes.

En el viaje con los chicos de hacía tan solo dos semanas, había alcanzado a vislumbrar lo que podría ser la vida... lo que las vidas de su padre y de su abuelo debían haber sido. Recibir el Diario de su madre había expandido... no, explosionado... sus horizontes. Recordó una frase de su abuelo que había leído la noche anterior: «La vida no es solo sobrevivir... está designada para ser vivida».

Las palabras de su abuelo desde el pasado resonaron en él hasta la médula. Vivir... vivir realmente... es lo que había ahora en la mente de Gabriel. No sabía exactamente lo que el futuro le depararía durante los próximos meses, pero estaba emocionado: entusiasmado por respirar el aire fresco de la montaña, eufórico por pasar más tiempo en el Río y encantado de ver a Tabitha de nuevo.

Agotado por su excursión desde la madrugada hasta la puesta del sol, Gabriel apuró las últimas gotas de su termo de café antes de tomar la última curva. Se sintió aliviado pero un poco nervioso al ver el gran y erosionado cartel anunciando el Campamento de Aventura Big Water con un dedo grande pintado, diciéndole qué camino tomar. Gabriel accedió a un camino de grava sin salida y estacionó su camioneta en doble fila junto a los otros vehículos. Había un par de destartaladas camionetas Chevrolet, otras varias furgonetas abolladas y un par de viejos jeeps que parecían haberse despeñado por el costado de la montaña una o dos veces.

El callejón sin salida estaba rodeado por varias cabañas de madera esparcidas alrededor de la propiedad, a diferentes alturas sobre la ladera de la montaña. Un gran albergue de madera, apropiadamente rústico, estaba asentado al lado del Río. Construido en la ladera de la colina que descendía hasta la orilla del agua, el refugio de madera parecía haberse sometido a continuas adiciones en los últimos años.

Atardecía, y el campamento se encontraba en silencio. Gabriel vio algunas luces encendidas en la oficina, así que se dirigió en aquella dirección.

Cuando se acercó a una desvencijada puerta de tela metálica pintada del mismo rojo que un camión de bomberos, Gabriel pudo oír risas y música, pero los sonidos eran débiles. Abrió la puerta, pero una campanilla que sonó justo encima de su cabeza le sobresaltó. Entró lentamente mientras la puerta chirriante se cerraba detrás de él.

No había nadie, aunque el rumor de la conversación continuaba en la distancia. Gabriel estiró el cuello para determinar de dónde venía la alegría procedente del interior de la base del campamento. De pie en el recibidor, vio un largo mostrador delante de él. Ahí era, seguramente, donde la gente se registraba. Las paredes estaban llenas de equipamiento de rafting de época, recortes de periódicos sujetos por chinchetas y cientos de fotografías descoloridas de personas que habían experimentado el Río. Estaba mirando algunos de los rostros cuando uno de los recortes de periódico viejo le llamó la atención.

«Jacob Fielding desafía las estadísticas» era el titular impreso sobre la imagen de un hombre barbudo de mirada solemne en su rostro. Tenía el pelo oscuro y rizado y estaba de pie en el Río, sujetando un remo sobre su cabeza. El artículo comenzaba:

```
Jacob Fielding se ha convertido en uno
de los aventureros más admirados del
Oeste. ¿Cómo ha sucedido esto?
    Era una mañana fría de 1955, cuando...
```

Una puerta se cerró de golpe, asustando a Gabriel. Un hombre negro anciano salió de la habitación de atrás, cantando para sí mismo en tono fuerte y áspero una canción que le sonó a Gabriel a viejo espiritual negro: «Hmmmm... adentrarse en el agua... Oh, oh... adentrarse en el agua».

Después de unos segundos, finalmente alzó la vista y se apercibió de Gabriel.

—Disculpe. ¿Puedo ayudarle? —El hombre bajo de piernas arqueadas deambuló hacia el mostrador y le dedicó a Gabriel una sonrisa suave. Parecía acercarse a los setenta años, y no mediría mucho más de metro y medio. Con las gafas de lectura colgando alrededor de su cuello por una cadena, llevaba un sombrero de pesca de color habano, un jersey verde hecho jirones y unos gastados pantalones de trabajo de color caqui con botas. Sostenía un libro viejo en una mano y una pipa en la otra mientras esperaba la respuesta de Gabriel.

—Estoy aquí para ayudar este verano. Me llamo Gabriel... Gabriel Clarke.

—Oh, sí. Teníamos la esperanza de que vendrías. —Su voz era ronca, y entrecerró los ojos un poco mientras miraba a Gabriel y le hacía señas con su pipa—. Sígueme, te llevaré con los demás. Yo ya me iba a mi habitación para mi lectura nocturna. Una pipa, mi mecedora y un buen libro, eso es todo lo que necesito por la noche.

El hombre siguió hablando mientras empujaba una sección de la puerta abatible para franquearle el paso a Gabriel detrás del mostrador.

—Soy Ezra, por cierto. Ezra Buchanan. Si alguna vez necesitas algo, solo grita. —Atravesaron un par de puertas y luego bajaron un tramo de escaleras que crujían con cada paso.

Se fueron acercando a la conversación y la música.

—Cuidado con la cabeza, hijo. Este marco de la puerta es bajo para los que son altos.

La cabeza de Gabriel pasó rozando cuando cruzó la puerta en la parte inferior de las escaleras. Se encontraron con una docena de jóvenes riendo y armando escándalo. Estaban comiendo aperitivos de maíz y refrescos. Allí en un rincón, un hombre rasgaba un ukelele. Gabriel se sintió como en el primer día de clase. Nunca era fácil ser el recién llegado. Rápidamente barrió de un vistazo la habitación, pero no había ni rastro de ella.

—Eh, chicos. Traigo a alguien para presentarles.

—¡Ezra! —gritaron unos pocos, levantando sus botellas de refresco como saludo. Ezra se quitó el sombrero para descubrir una corona de pelo corto de color blanco puro. Asintió con la cabeza para responder el saludo.

—Este de aquí es Gabriel Clarke. Va a unirse a nosotros para el verano, así que hagan que se sienta bienvenido.

—Bienvenido a Big Water, tío. —Una cara familiar salió de la cocina. Era Samuel, su guía de hacía dos semanas. Gabriel se sintió aliviado al verlo. Samuel le tendió la mano, y Gabriel le dio un apretón firme.

Mientras intercambiaban fórmulas de cortesía, Ezra tiró de la manga de Gabriel.

—Joven, me voy a leer un poco. Mi habitación da a la parte posterior de la zona de aparejos. Ahí es donde almacenamos las balsas. Bueno, tu habitación está justo al lado de la mía. Si te pierdes, los demás sabrán donde está. Si necesitas algo, solo pasa por allí. —Ezra se excusó por la puerta trasera.

Uno por uno, todos los aspirantes a guía se presentaron a Gabriel.

—¿Quieres beber algo? —preguntó una de las chicas desde detrás de la barra de la cocina. Hablaba con acento escandinavo.

Gabriel miró en su dirección, ella le tendió la mano y le dio a Gabriel un apretón sorprendentemente fuerte.

—Mi nombre es Stasia —dijo. La joven era baja y fornida, con una media melena rubia con reflejos de color maíz. Tenía la piel muy blanca, mejillas sonrosadas y ojos azul cristalino.

—Encantado de conocerte. Sí, algo de beber estaría genial. Tengo sed después del largo viaje.

—Tú eres el de Kansas, ¿verdad?

—Exacto.

—Te entrenas para guía, ¿verdad?

—Oh, no. Solo estoy aquí para ayudar y trabajar en el campamento durante el verano. Acabo de realizar mi primer viaje en balsa hace unas semanas.

—Yo hice mi primer viaje por el Río hace dos años, y no he sido capaz de dejar el sitio desde entonces. Se está magnífico aquí. En verano hago de guía en los rápidos, y soy instructora de esquí durante el invierno. Hay varios de nosotros que hacen eso.

Gabriel se sentó y escuchó fragmentos de conversaciones alrededor de la habitación. El ambiente lleno de energía se prestaba a las historias acerca de los viajes que habían realizado aquel mismo día.

El aire frío y húmedo sopló a través de las ventanas abiertas. Desde aquel lugar privilegiado, Gabriel podía oír el borboteo del Río en el fondo. Mientras miraba a su alrededor, sin embargo, no podía evitar preguntarse dónde estaba Tabitha. Pensó en preguntarle a alguien si estaba por allí, pero entonces Samuel se plantó en medio de la habitación.

—Bien, chicos, si me prestan su atención, por favor. Aquí están sus tareas para la semana. Parte de su formación es conocer todos los deberes que conlleva dirigir un campamento, no solo la parte atractiva. —Repartió los papeles. Samuel sonaba a oficial militar—. Esto incluye las tareas de la cocina, el mantenimiento de las balsas, el tratamiento de basuras... ese tipo de cosas. Este es un complejo con todo incluido, esto es, que ustedes se incluyen en todas las cosas.

Se rieron entre dientes nerviosamente. Samuel miró a Gabriel.

—Después de la reunión hablaré contigo para repasar tus tareas específicas.

Samuel terminó de repartir varias hojas de papel y se detuvo sobre algunos detalles en cada página. Gabriel distrajo su atención y sopesó en qué se había metido. Continuó preguntándose cuándo iba a poder ver a Tabitha.

Cuando terminó la reunión, algunos se marcharon a sus habitaciones mientras que unos pocos se quedaron para charlar o jugar a las cartas.

—Gabriel, si quieres ir por tus cosas, te veré delante de la oficina y te mostraré dónde te vas a alojar —sentenció Samuel.

—De acuerdo, muy bien. —Gabriel regresó por las escaleras y salió al exterior hasta su camioneta. Agarró su petate, se lo echó al hombro y tomó una de las cajas con sus cosas. Samuel dio la vuelta a la esquina de la casa de campo.

—Deja que te ayude con eso. —Samuel agarró la caja y comenzó a caminar por el sendero de grava más allá de la casa de campo hacia una gran estructura con aspecto de granero cercana al río.

—Estarás ayudando en varias áreas del campamento. Quiero que trabajes en estrecha colaboración con Ezra. Él controla las instalaciones y el equipo al tiempo que cocina unos fantásticos rollos de canela. Lleva aquí más tiempo que nadie y te mostrará cómo funciona todo. Hay que estar aquí los siete días de la semana durante la temporada, pero tendrás un tiempo personal para recorrer el Río, explorar o lo que sea.

Bajaron el sendero por la parte trasera del granero. Subieron por un camino trillado cubierto de musgo que se adentraba en el bosque junto al Río.

—¿Hueles eso? Si te pierdes, solo tienes que seguir el olor de la pipa de Ezra. —En efecto, Gabriel tomó una bocanada grande y aspiró el olor cargante del humo de la pipa.

—Huele bien.

—Me alegro de que te guste porque Ezra da bocanadas a esa cosa todo el tiempo.

Un par de minutos después, llegaron por el camino a la parte trasera de una pequeña cabaña justo arriba de la colina. Ezra estaba sentado en su mecedora en la terraza, fumando su pipa, leyendo un libro bajo la tenue luz del porche. Subieron la cuesta pisando las piedras colocadas allí para no perder el equilibrio.

—Pasen, caballeros. —Ezra se puso de pie rápidamente y le mostró a Gabriel su habitación, adyacente a la suya. Compartían un cuarto de baño en el medio.

—Te veré por la mañana, Gabriel. Desayunamos en la cocina a las ocho. —Samuel dejó la caja de Gabriel en el suelo y se excusó.

La cabaña era primitiva: una cama individual, una sencilla mesita de noche, una lámpara y una pequeña cómoda de pino. A Gabriel no le importó. Era más de lo que tenía en Cairo. Abrió la puerta que daba a la terraza y echó un vistazo. El Río estaba a un tiro de piedra y sonaba puro y hermoso como el cielo mientras se mecía a lo largo del camino. El resplandor de la luna se reflejaba en el agua, y el inconfundible olor a pino y a abeto llenaba el bosque. Ezra, de nuevo en la terraza, había vuelto a su mecedora y a su libro.

Gabriel regresó a su habitación para colocar sus pertenencias. Se dio cuenta de que había un sobre blanco con su nombre escrito apoyado en la almohada. Rasgó rápidamente el sobre para leer esto:

Estimado Gabriel,

Siento no estar aquí para verte. Tenía muchas ganas.
Me divertí mucho contigo y los chicos hace un par de

semanas. Mientras lees esto, estaré en el coche con mi padre de camino a nuestro otro campamento, que está un poco más al oeste. Él me necesitaba para ayudarle a encargarme de un par de cosas allí. Espero que pueda volver a verte pronto. Ezra y Samuel cuidarán bien de ti. Hasta entonces, disfruta del Río y asegúrate de probar los rollos de canela de Ezra. ¡Son increíbles!

Hasta pronto,
Tabitha

Por un lado, Gabriel estaba agradecido por la nota, pero al mismo tiempo se sentía extremadamente decepcionado. Había soñado con verla, abrazarla y dar un largo paseo por el Río. Había quedado prendado por cómo olía ella y por la forma en que sintió su cabello en su mejilla la última vez que estuvieron juntos.

Dejó la nota sobre su mesita de noche y se unió a Ezra en la terraza. Se sentó en la otra mecedora y puso los pies sobre la barandilla. Tras unos momentos de silencio, Ezra cerró el libro y se inclinó hacia adelante en su mecedora, con los codos en las rodillas. Luego miró hacia el agua.

—¿Oyes eso?

—¿Oír qué?

—Basta con escuchar. Es el sonido del Río. Cada noche suena diferente. Es como si te estuviera hablando. No sé cómo lo hace, pero te aseguro que nunca me canso de escuchar.

—Oye, Ezra, ¿qué canción era la que estabas cantando cuando nos conocimos antes?

—¿Yo estaba cantando? Oh... no lo sé.

—Sonaba muy bien. Algo acerca de «adentrarse en el agua».

—Ah, sí. —Ezra echó la cabeza hacia atrás mientras la recordaba—. Mi madre solía cantarla cuando era niño. Recuerdo haber ido hasta el Río y ver que algunas personas eran bautizadas, ya sabes, sumergidas por un predicador. Esa era la canción que cantaban en aquellas reuniones. Es un recuerdo muy especial para mí.

El anciano hizo una pausa.

—Pero eso fue hace mucho tiempo. Me alegro de que estés aquí, Gabriel Clarke. —Entonces se levantó y abrió la puerta de su habitación.

Estaba casi en el interior cuando se inclinó hacia afuera.

—Tabitha dijo que había algo en el tal Gabriel. Oh, y también sonreía cuando lo dijo.

Gabriel le devolvió la sonrisa.

—Buenas noches, Ezra.

DIECIOCHO

Pasando el rato con Ezra

HABÍA PASADO UNA SEMANA Y AÚN NO HABÍA SEÑALES DE Tabitha.

Gabriel estaba ansioso por verla, pero no había reunido el coraje de llamar al otro campamento para seguir su rastro. No quería parecer insistente.

Con la llegada del calor del verano, la escuela para guías estaba en pleno apogeo. Los nuevos guías eran sometidos a una formación en el aula antes y después de hacer unas valiosas prácticas en el Río. Al igual que un campamento de verano de entrenamiento de fútbol, los entrenadores de Big Water mostraban a la clase de novatos lo que tenían que hacer para guiar una balsa por el Río, ya que algún día les tocaría a ellos dar las órdenes en los rápidos.

La emoción llenó el campamento de aventura cuando los primeros clientes llegaron a cuentagotas. El fin de semana siguiente (el de apertura de temporada de rafting) se esperaba muy ocupado.

Gabriel, que no formaba parte de la escuela de guías, se centró en familiarizarse con el funcionamiento del campamento. Ezra le puso a hacer de todo, desde limpiar la cocina a parchear balsas y lavar trajes de neopreno, y le enseñó las interioridades. Estaba haciendo, sin duda, un trabajo sucio, pero siempre que quería podía disfrutar de la presencia del Río y del majestuoso paisaje.

Su parte favorita del día era pasar el tiempo tras la cena con Ezra en la terraza con vistas al agua. Ezra, que soplaba columnas de humo en su pipa, aportaba anécdotas y fragmentos de sabiduría de sus más de cuarenta años de trabajo junto al Río. Muchas veces parecía que Ezra lo conocía bien, porque sus conversaciones fluían tan fácilmente como las aguas que pasaban cerca. Gabriel escuchaba intensamente y hacía preguntas, pero cuando había treguas en la conversación, recurría a la lectura de su compañero de confianza, el Diario.

Al final de la primera semana, Samuel se acercó a Gabriel cuando estaba terminando la última ronda de desinfección de los trajes de neopreno y chalecos salvavidas.

—Tengo un grupo de tres balsas que llevaré mañana a un recorrido de día completo por las Widowmaker —anunció Samuel—. Hay un sitio en la mía, si quieres venir. Te necesitaremos para preparar el almuerzo y de asistente general en el viaje. Nos encontraremos a las nueve en punto. ¿Te va bien?

—Eh... sí. Me va bien. Iré.

Gabriel se mostró tranquilo, pero estaba emocionado. Le subió la adrenalina al recordar el júbilo de la primera vez que hizo el recorrido por las Widowmaker con Tabitha. Inmediatamente sintió aquella sensación de cosquilleo en el estómago. Estaba listo. Ya había conquistado las Widowmaker una vez y quería más.

✦

—Nunca he probado un guiso tan bueno antes, Ezra. ¡Y el pan de maíz era como un pastel! He comido tanto que me va a sentar mal. ¿Dónde aprendiste a cocinar así? —Gabriel y Ezra se dirigían a sus habitaciones después de ocuparse de la limpieza de la cocina.

—Oh, simplemente lo hago, supongo. Cuando haces algo las veces suficientes, averiguas lo que salió mal y lo que salió bien. Lo importante es que nunca dejes de cocinar.

Gabriel se sentía como si estuviera hablando con un viejo amigo.

—Lo único que sé es que había mucho amor en esa comida. No soy un experto, pero no puedo imaginar que exista un guiso mejor por ahí.

—Gracias, Gabriel. Hay algo muy gratificante en cocinar para la gente. Me encanta ver la mirada en sus caras cuando toman el primer bocado. La buena comida hace que todo vaya mejor. Una buena comida reúne a la gente. ¿Qué hay mejor que eso? Y luego... me gusta comer también. —Ezra se rio con todas sus ganas.

Se abrieron paso hasta la terracita adjunta a la parte trasera de su cabaña. Al cabo de unos momentos, una persistente lluvia empezó a golpear el techo de metal y subió en intensidad. Gabriel alcanzó el Diario y se relajó en su mecedora. Ezra estaba de pie junto a la barandilla, llenando su pipa con tabaco fresco.

—He oído que mañana vas a recorrer el Río con Samuel.

—Sí, lo estoy deseando. Aunque estoy un poco nervioso.

—¿Nervioso? —Ezra mostró sorpresa en su voz.

—He navegado el Río una sola vez. No lo olvides, me crié en Kansas. No tenemos cataratas como las Widowmaker allí donde crecí.

Ezra dejó escapar un perezoso anillo de humo de aroma penetrante.

—Lo llevas en la sangre, hijo. Te lo pasarás bien. Si la lluvia se mantiene, debería hacer que mañana el agua corra más limpia y rápida.

Gabriel no sabía cómo responder.

Ezra rompió el silencio.

—No hay nada más relajante que la lluvia en el Río. El aire se espesa, y duermo como un bebé.

Gabriel respondió cambiando de tema.

—¿Sabes cuándo vendrá Tabitha?

—No. Tal como van las cosas, probablemente no pueda pasarse en breve. Según parece, están en inferioridad numérica en el otro campamento, así que quizá se quede allí un tiempo.

A Gabriel se le cayó el alma a los pies. Se imaginaba a ellos dos pasando el tiempo juntos en el Río, como lo hicieron antes.

—Tengo que verla. He pasado una buena semana, Ezra.

El anciano se echó a reír.

—¿Qué tiene tanta gracia?

—Nada. Pero se me ocurre una idea. En un par de días iremos a verla. Creo que le gustará. Espero que no te importará hacer un camino de dos horas y media.

—¿Estás de broma? Para nada.

—Mejor que lo confirmemos con Samuel antes, así que pregúntale mañana. Solo tenemos que cumplir con el fin de semana de la inauguración, eso es todo.

Gabriel y Ezra tomaron un descanso en la conversación y abrieron sus libros. Durante las últimas noches, Gabriel había ido recorriendo poco a poco el Diario. Había leído y releído varias entradas de su padre y de su abuelo. Había encontrado citas fascinantes, declaraciones de honesta frustración y crónicas de angustiosos salvamentos por un pelo. Frase a frase, párrafo a párrafo, fue conociendo su historia familiar. También empezaba a conocer el Río.

Aquella noche, mientras hojeaba las desgastadas páginas, halló una que le llamó la atención. En la parte superior, escrito en letras grandes en negrita, decía: «Un amigo de confianza que sabe cocinar».

Gabriel siguió leyendo.

14 de noviembre de 1953

Hoy el día ha ido mejor, aunque tengo la sensación de que esto se acaba. Estoy débil y cansado, y no me gusta nada, pero así son las cosas. Mis días han sido buenos. No siempre he hecho lo correcto, pero lo he intentado. Todos lo hacemos lo mejor que podemos y disfrutamos del viaje.

El Río ha sido bueno conmigo. No me canso nunca de guiar a las personas por el Río. ¡Qué privilegio tan magnífico dar a conocer la majestad! No tienes que decir nada. Solo les llevas allí, y el Río lo dice todo. Ahora le tocará a John continuar. Mi hijo es un buen hombre.

Hoy vino un buen amigo a verme. Trajo mi comida favorita, rollos de canela. No es frecuente encontrar a alguien en la vida en quien realmente se puede confiar, pero Ezra Buchanan es una de esas personas. Nunca ha

*pedido nada, y siempre sirve con una sonrisa.
No podría pedir un compañero mejor de trabajo
o un amigo mejor. Estoy agradecido al Río de
que nos uniera.*

*Voy a darme un lujo ahora. Me pregunto si
tendrán rollos de canela en el cielo. Hasta luego,*

R. Allen Clarke

Gabriel sintió que su corazón dejaba de latir. Una oleada de emoción se apoderó de él. Su abuelo, a quien no recordaba mucho, escribía sobre sus últimos días y acerca del amigo que estaba sentado en la mecedora junto a él. Qué momento tan surrealista.

—Conociste a mi abuelo —Gabriel habló con admiración.

—Sí, lo hice. A tu padre, también, por supuesto. Llevo aquí mucho tiempo. —Ezra siguió leyendo.

—¿Así que sabías quién era yo? —Gabriel se dio cuenta de que sonaba un poco indignado.

—Oh, sí. Tenía la esperanza de que volverías algún día. Chico, ahora mismo me recuerdas a tu padre.

—¿Cómo es que no me has dicho nada?

—No me corresponde a mí decir cuándo se habla de estas cosas. —Ezra se quitó las gafas de leer y miró a Gabriel—. Me alegro de que estés aquí, hijo. Aquí es donde perteneces. —El anciano se puso en pie—. Ven conmigo. Tengo algo que enseñarte.

Ezra abrió la puerta corredera de su habitación y Gabriel lo siguió al interior. Se dio cuenta de que Ezra había vivido allí mucho tiempo. Dentro de la pintoresca habitación había una cama perfectamente hecha y una pequeña butaca en la esquina, con una lámpara de pie junto a ella. Al lado de la lámpara había un pequeño cofre de madera que utilizaba como taburete. Ezra se arrodilló y abrió la parte superior del cofre, y el olor a cedro flotó en el aire.

—Fabriqué este cofre hace muchos años. Guardo algunas de mis cosas favoritas aquí.

Ezra sacó una carpeta envuelta con una cinta de goma y le sacudió el polvo. Se sentó en el borde de la cama y la abrió: contenía un álbum de fotos lleno de imágenes en blanco y negro y en sepia.

—Mira esto. Ahí está tu padre cuando tenía unos doce años, de pie con tu abuelo. Y ahí... esos son los primeros clientes de Big Water.

Pasó unas cuantas páginas más.

—Ah, sí, ahí estás tú, Gabriel, con tu padre. Aquí dice que tenías tres años. Mira la cara después de tanto llorar. Recuerdo bien ese día. Estabas muy enfadado porque no pudiste hacer rafting con él aquel día. Chico, te agarraste una buena.

Gabriel miró con asombro la foto de él y su padre. Sus ojos se empañaron, agradecido por la posibilidad de disfrutar de aquellas escenas de su pasado.

—¿Podrías contarme algo de mi padre? Todo lo que recuerdo es jugar a las canicas con él. Todavía tengo su colección de canicas. La mayoría de mis recuerdos son tan débiles... eclipsados por uno solo... el día que me gustaría olvidar.

Ezra se detuvo, absorto en sus pensamientos.

—Tu padre era un gran hombre, Gabriel. Podría hablar de él sin parar. Era fuerte como un toro. Haría cualquier cosa por cualquier persona... te daría su camisa si fuera necesario. Era muy amable y paciente. Conocía el Río. Desde que era un muchacho joven, que apenas se podía conseguir que se sentara a comer. Se quedaba junto al agua desde el amanecer hasta el anochecer si podía. Sí... Lo echo de menos, y a tu abuelo. Fueron muy buenos conmigo.

Ezra puso su mano sobre el hombro de Gabriel.

—En cuanto a aquel día que te gustaría olvidar, lo recuerdo bien. ¿Sabes cómo me gusta pensar en aquello? Pienso en ello como un día especial... Un día en que algo hermoso y poderoso sucedió: un hombre dio su vida para salvar la de otro. No hay nada más fuerte que eso en mi libro.

Gabriel sintió el respeto y la admiración que Ezra mantenía por su padre. Estudió fotografía tras fotografía y se preguntó cómo había sido la vida en el campamento en aquel entonces. Unos minutos después, se encontró con una imagen suelta escondida en la parte posterior del álbum. En blanco y negro, con una esquina rota, la imagen mostraba a Ezra de pie junto a su abuelo y su padre cuando era un muchacho joven. Todos reían, pero Ezra se inclinaba mirando a su padre.

—¿Me puedes contar algo de esta foto? —preguntó Gabriel.

—Oh, sí, una de mis favoritas. Tu padre estaba bastante intratable ese día y se metía en todo tipo de travesuras. Tenía una mirada un poco loca en su cara porque no pudo salirse con la suya o algo así. De todos modos, mientras nos preparábamos para tomar esa foto, tu abuelo miró a tu padre y le dijo: «John, estate quieto para la foto. Mejor que borres esa mirada de tu rostro». Tu padre le respondió frotándose la boca con el dorso de la mano y después sonrió de oreja a oreja.

Ezra repitió el gesto.

—Ninguno de nosotros pudo seguir serio después de eso. —Se echaron unas risas.

—¿Cómo llegaste a trabajar aquí en el campamento?

—Tu abuelo me encontró. Yo no tenía familia ni lugar a donde ir, pero eso es otra historia.

Gabriel quería escucharla.

—¿No quieres contármela?

—Está bien, pero en una versión breve de la real. Un día, tu abuelo me vio tumbado junto a la estación de servicio en la ciudad. El tiempo se había puesto muy frío, y yo no sabía qué iba a hacer. Todo lo que tenía era lo que llevaba puesto y un puñado de canicas. De repente, un ángel llamado R. Allen Clarke me preguntó si quería un trabajo. Cuarenta y dos años después, todavía estoy aquí. Y aquí estaré tanto tiempo como me quede. El señor Clarke puso mis pies sobre tierra firme.

El hombre mayor exhaló un suspiro.

—Estoy un poco cansado, así que si te parece me retiraré.

Gabriel se levantó para marcharse.

—Oye, ¿Ezra? ¿Te gustaría jugar a las canicas?

Los ojos de Ezra centellearon.

—Soy un hacha jugando, hijo.

El Río había traído otra sorpresa inesperada para Gabriel... Ezra Buchanan. Pasar tiempo con Ezra era como mirar por una ventana el paisaje épico de su pasado. Cada conversación con Ezra, como el toque de un paño sobre un cristal sucio, traía más y más claridad. Cada conversación insuflaba nueva vida en Gabriel.

Por una vez, se estaba dirigiendo hacia algo.

Y por primera vez, se sintió conectado a la grandeza de la herencia de la que procedía... y la que habría de recibir.

DIECINUEVE

Un encuentro inesperado

27 de junio de 1952

No me canso nunca de recorrer el Río.

Tuve dos grandes bajadas hoy, y ambas tenían cosas mágicas reservadas. En primer lugar, me encontré con un par de coladores nuevos cerca del Tobogán. Luego, al final del día, me di cuenta de que la hidráulica en las Widowmaker se va haciendo más profunda también. Hoy he llevado a grandes tipos en mi balsa.

Una de mis tareas favoritas es presentarles a los novatos la belleza del Río. Nunca entenderé por qué algunas personas optan por no conectarse. Había un hombre en mi balsa que solo podía centrarse en lo que dejaba atrás. No parecía que quisiera estar aquí. Dijo que tenía mucho que hacer, y que estaba allí solo porque su esposa quería que él fuera.

A pesar de que ya estaba aquí, se lo perdió todo: la belleza, la alegría, la risa y la emoción. Espero que venga de nuevo al Río algún día. Tal vez haya algo del viaje de hoy que se le quede. Todo lo demás palidece en comparación. Puede que ese hombre vuelva al trabajo y siga subiendo la escalera del éxito, o puede que descubra que apoyó la escalera en el muro equivocado.

El Río no fuerza a la gente... ellos tienen que elegir entrar. Eso es lo que hace a las aguas tan especiales. Si me preguntaran, la búsqueda de cosas materiales puede estorbar lo que la vida es. Voy a animar a mis navegantes a que disfruten de cada momento y no tomen nada por sentado.

Sinceramente, creo que una vez que experimentas el Río, encuentras tu camino... yo lo he hecho.

John W. Clarke

Gabriel empezaba la mañana y terminaba cada noche estudiando los pensamientos de su padre y de su abuelo en el Diario. Si había algo que no entendía o necesitaba aclarar, preguntaba a otros guías el significado de las palabras. A veces, aprendía cosas del arte de recorrer el Río. Otras veces, las entradas le hablaban acerca de lo que significaba estar con el Río. Casi todos los días, leer el Diario le daba una visión un poco más profunda del corazón de su padre, así como del de su abuelo. Aquel día no era diferente, y mientras pensaba en recorrer el Río por segunda vez, sintió una curiosa mezcla de nerviosismo y una paz inesperada. El Diario lo estaba cambiando de verdad.

Un aroma sensacional saludó a Gabriel cuando entró tan campante en la cocina a eso de las siete de la mañana.

—Tío, huele a panadería aquí —dijo Gabriel, levantando la nariz en el aire.

—Espera a probar uno, muchacho. Va a cambiarte la vida. Soy James. —El joven de unos veinte años de espeso pelo negro le tendió la mano.

—Yo soy Gabriel. Buena interpretación de ukelele, por cierto.

—¡Ah, gracias!

—Aquí tienen, señores. —Ezra, enfundado en unos grandes guantes de horno y un delantal que decía «Esta es mi cocina», sostenía dos sartenes de hierro, una en cada mano, llenas de esponjosos rollos de canela caseros. El azúcar glasé untado en la parte superior goteaba por el costado de los rollos de canela que todos elogiaban. Atacaron la comida, y el único sonido que se escuchaba eran los gemidos por el sabor increíble y el lamido de los dedos pegajosos.

—Son de otro mundo, Ezra —dijo James.

—Increíbles —fue todo lo que Gabriel pudo esbozar.

—Gracias. Me alegro de que disfruten de ellos.

—Varios aprendices que pasaban por allí rebañaron lo que quedaba.

—Cinco minutos, chicos. Los huéspedes están llegando —gritó Samuel desde el exterior de la puerta metálica de la cocina.

—¡Gracias, Ezra! —El bullicio de los guías expresó su gratitud mientras salían a toda prisa por la puerta.

—Que tengan un buen día en el Río —dijo Ezra.

Era el fin de semana de la inauguración y una docena de botes salían ese día... un excelente calentamiento para la temporada que estaba por venir. En un buen año, el Campamento de Aventura Big Water alojaba a cerca de diez mil personas en ambas instalaciones.

El suelo estaba empapado por las fuertes lluvias de la noche anterior. Todavía no podía verse el sol debido a la altura de las montañas circundantes, pero la luz y el calor se derramaban sobre el valle donde fluía el Río.

Ezra se sacó sus guantes de cocina y colgó su delantal.

—Gabriel, vamos al cobertizo de los aparejos. Es el momento de prepararse para el primer viaje oficial del verano.

—Suena bien —respondió.

Los dos transitaron por el camino de grava hacia la gran estructura con forma de granero que albergaba el equipamiento completo. Ezra desbloqueó una gran puerta, que chirrió cuando la abrió.

Gabriel entró en el lugar que se había convertido en uno de sus favoritos en su corto tiempo allí. Innumerables filas de trajes colgaban estremecedoramente en la pared trasera. En la pared este se alineaban los botines de neopreno, que colgaban de ganchos de ropa para secarse al aire. Un enorme estante de remos apilados en una esquina y varias cajas grandes (etiquetadas como L, XL y XXL) se desbordaban junto con cientos de cascos. El cobertizo de almacenamiento era fresco y húmedo, y para Gabriel, todos los instrumentos de rafting parecían contar una historia sobre el Río. El entorno le hacía sentir como en casa.

—Puedes empezar por hacerte con algunas bolsas secas. —Ezra señaló hacia otro rincón de la nave y sonrió—. No nos gustaría que a los huéspedes se les mojaran sus cámaras y objetos de valor. Tomemos un botiquín de primeros auxilios para cada balsa. Cuando estés con Samuel, verás que es muy particular. Lo comprobará todo por sí mismo dos veces. Presta mucha atención cuando estés con él, y verás cómo hace las cosas. Es alguien bueno del que aprender.

Tan pronto como Ezra terminó la frase Samuel apareció en la puerta de atrás con una mirada de concentración en su rostro.

—Hablando del rey de Roma... —dijo Ezra. Samuel se acercó a los botiquines de primeros auxilios y agarró un par de los estantes.

—Gabriel, voy a necesitar que tomes un par de bolsas secas...

La puerta principal chirrió al abrirse. Gabriel se volvió para ver quién venía.

Y se quedó sin habla.

—¡Adivina quién ha venido! —Tabitha apareció tan hermosa como siempre, vestida con sus pantalones de camuflaje verdes del ejército y una sudadera gris con capucha. El corazón de Gabriel estalló de emoción, y los dos se abrazaron durante algunos segundos.

Ezra tosió en su mano.

—Voy a ir a comprobar las balsas. Que se diviertan poniéndose al día, chicos. —El anciano se precipitó hacia la puerta.

—Hola, señorita Fielding —dijo Samuel, intentando mantenerse ocupado.

—Hola, Samuel.

—Gabriel, agarra dos chalecos salvavidas de tamaño medio y reúnete conmigo en la furgoneta en unos minutos.

Con una bolsa de primeros auxilios en una mano, una bolsa seca en la otra y un traje de neopreno al hombro, Samuel salió de la nave.

—No estaba seguro de cuándo te iba a poder ver. —La atención de Gabriel no se apartaba de Tabitha. No podían dejar de mirarse el uno al otro.

—Lo sé. Parece haber pasado una eternidad desde aquel viaje de camping. Ven a la entrada. Hay alguien que quiero que conozcas. —Tabitha tomó la mano de Gabriel y se lo llevó a la puerta principal, donde fue testigo de un efusivo saludo.

—¡Jacob, gran hombre!

Ezra estrechaba las manos en un apretón familiar con un hombre alto y canoso que llevaba una gorra de béisbol azul desteñido, gafas de sol y una camiseta de manga larga que decía «Vive la Vida del Río».

—Ezra, por favor, dime que te queda un rollo de canela para mí. —Su voz potente emanaba de una constitución de casi dos metros de altura.

—¡Ja! Siempre tengo uno para ti, Jacob.

Tabitha llevó a Gabriel hasta el hombre de cuarenta y tantos años.

—Papá, quiero que conozcas a Gabriel Clarke.

Inmediatamente, Gabriel sintió el magnetismo de aquel hombre, como si estuviera conociendo a alguien seguro de quién era... seguro de su vocación.

—Gabriel, soy Jacob Fielding. Me alegro de conocerte al fin —Jacob le tendió la mano a Gabriel y se la estrechó con firmeza. Miró con intensidad directo a los ojos de Gabriel y apretó aún más fuerte.

Gabriel correspondió a su fuerza.

—Encantado de conocerle, señor.

Jacob se quitó las gafas de sol.

—Bueno, Tabitha me dijo que eres de Kansas.

—Sí, señor. He vivido allí la mayor parte de mi vida,

principalmente. Gracias por permitirme venir a trabajar al campamento este verano.

—Gracias *a ti*, Gabriel. Cuando mi hija me dijo que tal vez pudieras venir, me alegré de oírlo. Después de que pases aquí un tiempo, acabarás tan fascinado por el Río como lo estoy yo.

Gabriel respondió a la confianza y entusiasmo de Jacob.

—El Río es un lugar especial. Ya lo creo.

—El Río es más que un lugar, Gabriel. Es una manera de vivir... de *vivir* realmente. El Río está vivo y en constante movimiento. Bueno... espero poder pasar algún tiempo contigo mientras estás aquí. Estoy seguro de que te gustará... por muchas razones. —Jacob sonrió a la vez que miraba a su hija.

Gabriel movió el peso de un pie al otro.

—Si se parece a ese viaje que hice hace unas semanas, seguro que me gustará.

—Sí, he oído que lo pasaron de maravilla. El Río tiene su modo para hacer eso, ya sabes. Un gran hombre que conocí solía decir: «Una vez que experimentas el Río, encuentras tu camino». Bueno, tengo algunas cosas de las que ocuparme. Te veré en la cena, muchacho. —Jacob se volvió y se dirigió a la oficina.

Gabriel tomó nota de las palabras de Jacob. Se estremeció al oír las palabras que había leído esa mañana en el Diario saliendo de boca de Jacob. *¿Acaba de decir lo que creo que ha dicho?*

En su breve conversación, Gabriel se sintió cautivado por el padre de Tabitha. Era muy fuerte y seguro de sí mismo, y emanaba sabiduría y reconocimiento.

Gabriel se volvió a Tabitha.

—Será mejor que vaya al encuentro de Samuel. ¿Vas a hacer rafting con nosotros?

—No. Tengo que quedarme aquí y ayudar a mi padre con un par de cosas. Me pondré al día contigo más tarde. Me alegro un montón de verte, Gabriel.

Se abrazaron una vez más, y Gabriel fue a recuperar sus cosas y a reunirse con Samuel para su excursión de todo un día.

Faltaba todavía un rato antes de que el resto de los navegantes firmasen los formularios y pasaran por la charla de orientación. Gabriel se unió a Samuel y le ayudó a cargar la parte posterior de la vieja furgoneta, que arrastraría el remolque con la pila de balsas. Gabriel decidió romper el silencio.

—¿Cuánto tiempo hace que conoces a Tabitha? —preguntó Gabriel.

—Somos amigos desde hace mucho tiempo —dijo Samuel—. ¿Por qué?

—Solo por curiosidad. Creo que es bastante especial.

—Es una gran chica. Buena suerte, igualmente. —Una sonrisita cruzó la cara de Samuel.

—¿Qué quieres decir?

—Lo que digo. Tal vez tengas mejor suerte que el resto de los chicos que han tratado de llegar a conocerla mejor.

Gabriel se sintió torpe por un momento.

—¿Ha habido muchos?

—¿Estás de broma? ¿Una preciosidad como ella? Creo que la mayoría de los guías que han pasado por aquí han pensado que ella era *la mujer de su vida* en un momento u otro. No te hagas ilusiones.

Gabriel suspiró.

—Creo que es demasiado tarde para eso.

<hr />

El día en el Río fue fantástico. El viaje llenó las mentes y los corazones de cada navegante con fantásticos recuerdos y con historias que valía la pena contar de vuelta a casa. El tiempo resultó ser espectacular, con un cielo soleado pintando el agua con rayos de luz. El agua corría elevada y rápida debido a la lluvia torrencial de la noche anterior.

Gabriel mantuvo un ojo atento sobre Samuel y aprendió todo lo que pudo de él. Observó cómo se ofrecía a los navegantes y les brindaba una experiencia maravillosa. Con cada rápido recorrido, cada instrucción atendida y cada golpe de agua fría en el rostro, Gabriel sentía más profunda su conexión con el Río.

Después de regresar al campamento y despedir a los clientes, Samuel se abrió.

—Tío, ha sido un gran descenso, incluso cuando pensé que aquella chica iba a volverse loca al ver el Tobogán.

El comentario de Samuel consiguió hacer reír a Gabriel al recordar la asombrosa expresión de aquella chica de ciudad.

—Es divertido ver a la gente conquistar sus miedos, ¿verdad? —dijo Gabriel.

—Bueno, ¿cómo llevas el mundo de los rápidos hasta ahora? —Samuel y Gabriel descargaron la furgoneta y pusieron a secar los trajes detrás del cobertizo de los aparejos.

—Estoy disfrutando cada instante de esto. Este va a ser el mejor verano de mi vida. Ojalá me hubiera dado cuenta antes de todo lo que el Río tenía reservado para mí.

—Genial, me alegro de que te esté gustando, porque tienes buenos instintos allí. Es como si estuvieras destinado para esto. Cuando aquel hombre de la otra balsa cayó y fuimos por él, la forma en que le agarraste del chaleco y lo remolcaste fue perfecta. ¡Debía de pesar más de cien kilos e hiciste que pareciera fácil!

—Deben de haber sido todas esas tareas de granja o algo parecido —Gabriel sonreía de refilón, tratando de no mostrar su entusiasmo por la afirmación.

—De todos modos, algunos de estos chicos vienen aquí y no se toman las cosas en serio. Te aseguro que veo verdadero respeto en ti por las cosas de aquí. No pierdas nunca esa sensación de asombro. Estarás de guía antes de que te des cuenta.

—No lo sé. No creo que sepa mucho de nada aún, y creo que recorrer esos rápidos me pondrá nervioso todavía por mucho tiempo.

Samuel colocó un brazo sobre el hombro de Gabriel.

—Mira, he recorrido cientos de veces el Río, y justo antes de pasar los rápidos sigo teniendo esa sensación de cosquilleo en el estómago, y entonces la adrenalina se ocupa de todo. Creo que ese sentimiento siempre estará ahí cada vez que conectes con algo más grande que tú. Es parte de lo que hace la vida más hermosa. Si permaneces conectado únicamente a lo que es lo suficientemente pequeño como para que puedas entenderlo y controlarlo, entonces no tienes nada... ni aventura, ni destino, ni propósito.

Gabriel reflexionó sobre lo que dijo Samuel. La profundidad de sus palabras arraigaron hondo en su mente y en su corazón. Los dos terminaron de apilar los remos, colocar los cascos en sus respectivos contenedores y colgar los botines y trajes de neopreno para que se secaran.

—Un buen trabajo hoy —dijo Samuel—. Por cierto, cada vez que Jacob viene a cenar al comienzo de la temporada, se salta todas las restricciones. Por lo general, estas incluyen la parrilla y la carne roja, dos de mis cosas favoritas. No querrás perdértelo.

—Créeme, no puedo esperar. Nos vemos allí.

VEINTE

Una cena para recordar

UNA CONTINUA COLUMNA DE HUMO NEGRO ASCENDÍA DE LA chimenea de ladrillo al aire libre justo al lado de la parte trasera de la casa principal. El tentador aroma a carbón encendido y la idea de comer carne asada a la parrilla provocó que a Gabriel se le hiciera la boca agua. No se le ocurría un modo más perfecto de culminar un gran día en el Río.

La luz del sol sobre el cañón se había atenuado. El aire era fresco sin ser frío, y el resplandor de los faroles de gas en las mesas de picnic y de las antorchas caseras clavadas en el suelo iluminaba el sitio de reunión al aire libre. Las sombras de los árboles, como estatuas gigantes, se dibujaban en la pared trasera de la casa de campo.

Gabriel miró la luna llena iridiscente sobre la pared del cañón. Estaba rodeado de ahijados de los rápidos pululando en pequeños grupos, actualizándose sobre las actividades del día. Como una música improvisada, los sonidos de la conversación y de las risas resonaban alrededor del campamento, otra señal de la gran temporada que estaba por llegar al Río.

Gabriel encontró a Jacob y a Ezra de pie delante de la barbacoa de dos metros de ancho, empujando las brasas y añadiendo unos cuantos palos de nogal para dar sabor.

—Creo que estamos listos para la parrilla —anunció Jacob—. ¡Traigan la carne, muchachos! —Su anuncio se ganó unos cuantos vítores.

—Gabriel, ¿puedes ayudarme? —Gabriel alzó la vista y vio a Tabitha de pie en la puerta del porche que conducía a la cocina.

—Me encantaría —respondió él, y la siguió hasta la cocina, donde vio dos grandes bandejas metálicas repletas de entrecots.

—¡Mira toda esta carne! Hay suficiente como para alimentar a un pequeño ejército.

Tabitha levantó una de las bandejas y se la dio a Gabriel.

—Mi padre no hace nada a medias. Cuando hace una fiesta, es para darlo todo.

—Ya lo veo. —Gabriel asintió con la cabeza mientras cada uno llevaba una bandeja de latón a Ezra y Jacob. Mientras se abrían camino a través de las mesas de picnic, varios chicos aplaudieron. Sintiendo que llamaba la atención, Gabriel miró a Tabitha con una mirada de asombro en su rostro.

—Creo que están bastante entusiasmados con la cena, ¿eh?

—A papá le gusta el ambiente festivo. Le encanta celebrar cosas.

El olor de las llamas lamiendo los filetes cocinándose sobre las brasas era pura gloria. Ezra, con su delantal rojo de marca, siguió volteando los jugosos filetes para que no se achicharraran.

A un gesto de Ezra, Jacob se llevó las manos a la boca y gritó:

—¡Los entrecots están listos! ¡A comer!

Todos se abalanzaron para recibir aquella bendición a la parrilla. Patatas calientes al horno envueltas en papel de aluminio, así como generosos pedazos del famoso pan de maíz de Ezra llenaban sus platos. Una vez todos se hubieron servido, Ezra se quitó el delantal y pasó por entre los comensales. Se unió a Jacob, Tabitha y Gabriel en la mesa más cercana al Río.

Gabriel trinchó un trozo del expertamente cocinado entrecot y tomó su primer bocado. Se derritió de deleite, y luego sonrió en dirección a Ezra.

—Esta carne es increíble. ¿Con qué la has condimentado?

—Una pizca de sal y pimienta y unas cuantas cosas ricas. No puedo contarte todos mis secretos la primera semana que estás aquí.

—Tío, está bárbaro.

—Me alegro de que te guste —dijo Jacob—. Soy partidario de sacar lo mejor para celebrar con los nuevos amigos... y los viejos. —Jacob le sonrió a Ezra, quien se quitó el sombrero como reconocimiento. Entonces Jacob se levantó para llamar la atención de todo el mundo, lo que hizo que Ezra diera unos toques en su vaso de agua con el cuchillo.

Cuando el bullicioso grupo se hubo calmado, Jacob comenzó.

—Hola a todos. Me gustaría decir una vez más lo emocionado que estoy de empezar una nueva temporada. Estoy agradecido de que cada uno de ustedes haya venido a ayudarnos este verano. ¿Cómo está la comida?

Todos respondieron con una calurosa ovación, e incluso estallaron algunos silbidos.

—Creo que este será nuestro mejor año. Entre Big Water y el Campamento Norte, vamos a presentarles el Río a miles de personas. Qué regalo y privilegio. Ya sea que estén guiando una balsa, trabajando en la recepción, ayudando a Ezra en la cocina o incluso limpiando los baños, ustedes son vitales para servir a aquellos que vienen a experimentar todo lo que el Río tiene que ofrecer. Cada uno de ustedes viene a cumplir un papel diferente, pero todos somos igual de importantes. —Jacob cambió de posición antes de continuar—. Yo no creo en los accidentes. Ustedes están aquí por una razón. Nunca piensen que no son de vital importancia para la misión. Recuerden, solo hay un *tú*, así que den lo mejor de sí mismos. Nadie puede hacer eso por ustedes.

Gabriel estaba fascinado por lo que Jacob acababa de decir. Nunca había oído a nadie hablar así. En Kansas, donde había crecido, nunca había estado expuesto a este tipo de pasión y liderazgo. Cada frase hacía eco en él.

—Tu padre tiene una auténtica habilidad con las palabras —le dijo Gabriel a Tabitha.

—Oh, siempre ha sido así. —Hizo una pausa, y luego puso su mano sobre el antebrazo de Gabriel—. Significa mucho para mí... que te des cuenta.

El corazón de Gabriel dio un vuelco. Tabitha tenía el don especial de saber qué decir en el momento justo.

Jacob levantó su mano derecha en el aire.

—Hay otra cosa que quiero decir, y es lo emocionado que estoy de que Gabriel Clarke haya venido al Río este año. Gabriel, es genial darte la bienvenida al redil. Que tu tiempo en el Río sea algo que nunca olvides.

Jacob se detuvo por un segundo, casi como si le hiciera falta calmarse.

—Un brindis por los buenos amigos, por la buena comida, ¡y por el Río! —Todos brindaron con sus botellas de refrescos y vasos de té helado, y se alzó un coro de risas y jovialidad.

El sentido de la celebración era embriagador. La alegría en el campamento llevó a Gabriel a un nuevo lugar... un lugar en el que podía permitirse ser feliz. Se dio cuenta de que estaba descubriendo una libertad inédita, la libertad para disfrutar de estar vivo.

Aún no conocía bien a todo el mundo, pero compartía con ellos algo en común. Todos habían sido cautivados por la belleza del Río y se sentían motivados a compartirlo con aquellos a quienes encontraran en su camino. Aunque venían de diferentes partes del país, incluso del mundo, se sentía aceptado. Esta gente *lo* quería allí.

Se estaba convirtiendo en uno de ellos.

Casi no hubo un momento de silencio durante la cena. Las historias que circulaban alrededor de las mesas llevaban a rondas estridentes de risa, y la conversación animada llenó el campamento durante un par de horas. La mesa de Gabriel, Tabitha, Ezra y Jacob no fue diferente. Jacob les obsequió con hilarantes historias «de ciudad» acerca de los curiosos personajes que accedían a las altas montañas para disfrutar del aire libre solo para salir de sus Cadillacs en llamativas bermudas y mocasines negros. Ezra hizo un recuento de las novatadas que los guías se hacían unos a otros, como aquella de un guía que falsificó una carta romántica para un compañero con mal de amores. Las historias de Ezra parecían más divertidas porque el anciano tenía un modo formal y solemne de contarlas.

Poco después de las nueve, Ezra se puso en pie.

—Si me disculpan, creo que es hora de retirarme por hoy. —A medida que el anciano chef recorría la zona de las mesas, iba recogiendo los platos y los apilaba en sus brazos.

Cuando Tabitha se unió a él, Jacob puso su atención en Gabriel.

—Me he dado cuenta de que no has hablado demasiado esta noche. Pido disculpas si hemos monopolizado la conversación.

—¿Estás de broma? —exclamó Gabriel—. Me encanta escuchar estas historias. Ha sido increíble.

—Hemos vivido un montón de experiencias en el Río, eso está claro. Sin embargo, todo el mundo tiene una historia. Háblame de Kansas. ¿Cómo es la vida allí?

—Bueno, no hay mucho que contar. —Gabriel miró hacia abajo y jugueteó con las astillas de madera de la mesa de picnic.

—Apuesto a que hay mucho que contar. Te escucho.

Gabriel suspiró brevemente.

—Soy de un pueblecito llamado Cairo. Es muy pequeño. He vivido allí con mi madre desde los cinco años. Vivimos en un módulo alquilado en la parte trasera de una granja. Pertenece a los Cartwright, que han sido como mis abuelos. Mi madre trabaja muy duro en el restaurante Cairo. No ha sido fácil, pero nos las arreglamos. Eso sí: Kansas no se parece en nada a Colorado.

—Entonces, ¿qué tiene de bueno vivir en Cairo? —Jacob continuaba con sus preguntas incisivas.

—No lo sé. La señora Vonda hace un pollo frito increíble, y el señor Earl me enseñó a pescar... me encanta pescar.

—Ah, la comida y la pesca... dos de mis cosas favoritas también.

Gabriel se sentía cómodo con Jacob, así que le mencionó algo que nunca le había contado a nadie.

—He conocido a algunas buenas personas allí y he pasado buenos momentos, pero yo siempre sentí que no pertenecía allí, no sé, como si yo no estuviera hecho para Kansas.

—¿En serio? —Jacob le miraba directamente a los ojos. Gabriel asintió con la cabeza.

—Bueno, solo quiero recordarte que estoy muy contento de que estés aquí, y estoy deseando llegar a conocerte mejor. —A Jacob se le encendió una luz—. Tengo una idea. ¿Tienes algún plan para el resto de la noche?

—No, en absoluto. Solo iba a leer un poco antes de dormir.

Jacob miró al cielo.

—La luna está muy brillante esta noche... ¿por qué no te reúnes conmigo en mi Jeep en unos quince minutos?

—Genial. ¿Adónde vamos?

—Ya lo verás. Quince minutos —sonrió Jacob mientras tomaba el último trago de su copa y se levantaba de la mesa de picnic. Gabriel estaba intrigado y un poco nervioso por la repentina invitación. Había oído que Jacob era un hombre espontáneo.

Al mismo tiempo, sin embargo, después de una cena juntos, se sentía como si conociera a Jacob de toda la vida.

Gabriel se acercó al Jeep CJ-5 rojo desteñido de 1959. Jacob sacó una cuerda del maletero y la tiró en el suelo. Luego se quitó la camisa de manga larga abotonada y alcanzó un camiseta blanca tirada en su Jeep.

Gabriel no pudo evitar darse cuenta de una desagradable cicatriz de dos centímetros de ancho que iba desde la parte superior posterior del hombro de Jacob hasta el codo. No quiso decir nada sobre la cicatriz de Jacob, pero tenía curiosidad acerca de lo que pasó.

Jacob terminó de ponerse la camiseta.

—Ven conmigo —le pidió.

Gabriel le siguió hasta la parte trasera del cobertizo de los aparejos.

—Aquí, agarra del otro lado —dijo. Jacob se acercó a un montón de balsas totalmente infladas y apiladas una encima de la otra.

Esto hizo pensar a Gabriel. Jacob le hizo un gesto para que tomara un costado de la balsa de la parte superior de la pila, y juntos la llevaron hasta el Jeep, donde izaron la balsa sobre las barras transversales. Jacob recuperó a continuación la cuerda del suelo para anclar la balsa en el portaequipajes.

—Ahora ve por un chaleco, un remo y una bolsa seca. Yo tengo los míos en el Jeep. Gabriel hizo lo que le pidió. Jacob puso en marcha el motor y salieron del campamento.

—¿Estamos yendo al Río... de noche?

—Así es. Esto te va a encantar.

Aunque se sentía seguro con Jacob, Gabriel podía sentir las mariposas revoloteando en su estómago. Apartó a un lado aquellos sentimientos mientras daban botes a través del barranco en la carretera de montaña llena de baches. Los acantilados se elevaban escarpados en el lado derecho del Jeep, y las luces delanteras apenas iluminaban el camino por delante. Con cada cambio de la transmisión manual, el viejo Jeep se sacudía y resoplaba en la oscuridad.

—¿Has estado alguna vez en el Río por la noche?

—¿Estás de broma? Como mucho podría recorrer el Río de día. —Gabriel se sorprendió un poco de su propia sinceridad.

—Bueno, hay algo en el Río por la noche, cuando solo estás tú, el agua y la luz de la luna.

—¿Cómo se puede navegar, entonces? Me refiero a... las rocas y las cascadas. ¿No es un poco peligroso?

—Puede ser.

Entonces, ¿por qué estamos haciendo esto? ¿Está loco este hombre? Todo tipo de pensamientos cruzaron por su cabeza.

—Verás, Gabriel, hay cosas en el Río que solo puedes experimentar cuando está oscuro. El Río se revela de manera diferente por la noche. Es difícil de explicar. Yo escucho y miro más atentamente cuando no sé exactamente qué pasará. Mi conexión con el Río es más profunda de noche.

—Creo que sé lo que quiere decir. —Gabriel recordó su experiencia nocturna en el Río de unas pocas semanas atrás.

—Por supuesto, solo deseas recorrer el Río de noche cuando conoces las aguas muy bien. He estado aquí toda mi vida. Conozco el Río. Quiero decir que no puedes saberlo *todo* sobre él, pero yo lo conozco bastante. Lo he estudiado. He pasado tiempo en él. No hay día que pase que no conecte con el Río. —Jacob se detuvo un momento—. He cometido un montón de errores aquí en el Río, Gabriel... pero he aprendido de ellos.

El hombre cambió rápidamente de tema.

—Eh... ¡mira eso! —Jacob señaló el lado izquierdo de la carretera y se detuvo. Un pequeño oso negro se adentraba en la vegetación. Cuando oyó al Jeep detenerse, la criatura miró por encima del hombro en dirección a ellos, sus ojos reflejando un color verde brillante.

—¡Caray! ¡Qué bonito es el pequeñajo! —exclamó Gabriel con callada emoción.

—Sí, son hermosos, pero sus madres nunca están demasiado lejos. Las madres osas harán cualquier cosa para proteger a sus bebés. Aprendí eso por la vía difícil. Traté de acercarme a un cachorro una vez, y entonces oí un gruñido desagradable que todavía no puedo sacar de mi cabeza. Retrocedí hasta que ella me arrinconó contra el Río.

—¿Qué hiciste?

—Solo tenía una opción. Salté al Río y lo recorrí. Fue un baño lleno de baches... no lo recomiendo.

Jacob puso el Jeep en marcha y retumbó de nuevo por el camino. Condujo medio kilómetro más y frenó en un claro.

—Está bien... ¡vamos a hacerlo! —Jacob saltó del Jeep y Gabriel le siguió. Los dos desataron la balsa y la arrastraron hasta unos treinta metros de la orilla del Río. Retomaron sus remos, sus chalecos y las bolsas secas y los aseguraron en la balsa.

—Bueno, ¿cómo vamos a volver al Jeep? —preguntó Gabriel.

—Tabitha vendrá aquí con uno de los otros guías para recoger mi coche. Entonces ella lo dejará al final del Río para nosotros. De lo contrario, sería un paseo de regreso muy largo. Oh, sí. Es importante contar con una de estas.

Jacob sostenía una gran linterna de metal. Sonrió cuando la encendió y apagó un par de veces, lo que hizo que Gabriel se sintiera un poco mejor.

—No importa lo bien que conozcas el Río, sigue siendo importante que mantengas una luz contigo. Nunca se sabe lo que va a tratar de arruinar tu experiencia.

—Tenía la esperanza de que llevaras algo así —Gabriel le dedicó una sonrisa.

Los dos se pusieron sus chalecos salvavidas y se los ciñeron con fuerza. Deslizaron la balsa de color amarillo en el agua y se subieron.

El agua corría suave como la seda y se veía hermosa. La luna brillaba y cubría la superficie del agua con un tenue resplandor. Con un golpe de remo de Jacob, la balsa se deslizó en el centro del Río.

El aire estaba quieto y fresco y el cañón en silencio. Al igual que un brillo cósmico salpicado por el cielo de medianoche, un número infinito de estrellas brillaban con un resplandor radiante.

Las siguientes horas trajeron nuevos e interesantes descubrimientos para Gabriel. Poco a poco, el niño asustado y perdido de Kansas iba saliendo de su caparazón.

Aquella noche con Jacob y el Río lo cambiaría todo.

VEINTIUNO

El descenso nocturno

EL LEVE SONIDO DE UN PAR DE REMOS ZAMBULLÉNDOSE SUA-
vemente en el agua era lo único que se oía en el cañón.

Situados a lados opuestos de la balsa, Gabriel al frente
y Jacob en la parte de atrás, los dos hombres flotaron
durante la primera hora, aspirando el olor de las píceas y
de los abetos mientras se maravillaban con la noche estre-
llada. Gabriel sintió una libertad y conexión con el Río
incluso mayor que durante el día. La sensación era mis-
teriosa, arrebatadoramente inquietante y hermosa, todo
al mismo tiempo. Consciente de que eran solo ellos dos,
entrelazados con la naturaleza salvaje y el Río, Gabriel
tuvo la sensación de que estaba experimentando algo
especial, único y de gran alcance. Sacó el brazo por el
lado de la balsa y justo cuando sus dedos tocaron el agua,

dos fuertes aullidos resonaron a través del cañón y lo sobresaltaron.

—¡Caray! ¿Qué ha sido eso? —Gabriel miró hacia atrás a Jacob.

—Shhh... escucha. —Jacob puso el dedo frente a su boca.

Tras unos momentos de silencio, los gritos comenzaron de nuevo. Cada aullido tenía un tono y un volumen algo diferente. Los lamentos de los lobos parecían desarrollar un sentido del ritmo asimétrico y así continuaron durante varios minutos.

—Es como si estuvieran cantando o algo así —comentó Gabriel con asombro—. ¿Por qué hacen eso?

Jacob levantó el remo del agua.

—Oh, por muchas razones. Cuando los lobos se aventuran a la búsqueda de alimentos, mantener al grupo unido es de suma importancia. Lo que podríamos estar escuchando es una llamada a la reunión, una llamada para permanecer juntos, para informar a los demás de si han encontrado alimentos o para enviar un mensaje a los enemigos potenciales de que el grupo va a proteger sus intereses. Algunos especulan sobre si su «canto» fortalece su relación entre sí. Los seres humanos podrían aprender mucho de los lobos.

A medida que el coro de aullidos se hacía más lejano, el sonido de las aguas bravas se intensificó. Gabriel agarró el remo con más fuerza mientras la corriente se aceleraba. La luz de la luna se mantuvo brillante mientras daban un leve giro. El resplandor de las salpicaduras de los rápidos podía verse al final del pasillo del cañón.

Jacob reflexionó:

—Incluso con luna llena no puedes ver exactamente cómo actúa el Río, así que tienes que escuchar. Cuando uno escucha intensamente en la oscuridad, oye y experimenta cosas de las que nunca se daría cuenta a la luz del día.

—Lo he estado notando.

—Perfecto. ¿Estás listo?

—¡Como nunca lo estaré! —Gabriel tomó unas cuantas respiraciones profundas y trató de animarse mientras se preparaba para recorrer el rápido bajo la luz de la luna llena.

—Solo escucha atentamente mis instrucciones. No vamos a cruzar nada mayor que una clase II o III esta noche, no te preocupes. Yo no te pondría en peligro. ¿Vale?

Gabriel se dio la vuelta y respondió a la exhortación de Jacob.

—De acuerdo.

La cadencia del agua se animó, y el sonido de los rápidos hizo que el pulso de Gabriel se acelerase. La visión era limitada, lo que hacía que el ritmo pareciera aún más rápido. Gabriel podía sentir el chapoteo del agua golpeando sus pies bajo la balsa.

—¡Adelante, Gabriel! ¡Mantente en el centro! —Gabriel clavó el remo hasta el fondo y tiró. El primer gran rápido llegó. La proa de la balsa se lanzó hacia abajo y chocó con una ola pequeña, pulverizando agua a la cara de Gabriel. El hecho de que tuvieran tan poca luz hacía que las olas parecieran tener el doble de tamaño y de fuerza.

—¡Sí! ¡Ahí vamos! ¡Perfecto! —Las exclamaciones victoriosas de Jacob le insuflaron aún más valor a Gabriel—. ¿No es genial?

—¡Guuaau! ¡Sí! —se unió Gabriel, entusiasmado de estar en la montaña rusa de la naturaleza.

La balsa cabeceaba arriba y abajo en el agua rápida y contundente. Como un esquiador descendiendo entre montículos, caían encima y esquivaban las olas, salpicando a toda velocidad a través del cañón. Durante varios minutos, tuvieron acción sin parar: rápida, fuerte y agreste. Jacob le dijo a Gabriel que estaban llegando al final de aquella serie de rápidos, pero aún quedaba uno grande como colofón.

—¡Prepárate, Gabriel! ¡Cuando diga «ahora», échate y agárrate fuerte!

El ruido se hizo más fuerte a medida que el estruendo del agua salpicaba sobre las rocas. El corazón de Gabriel saltaba de alegría. La emoción era incomparable.

—¡Ahora! —gritó Jacob.

Gabriel se echó en el centro de la balsa y se agarró, sujetándose a un mango de lona. El Río se retiró de debajo de la balsa y se precipitó hacia abajo, estrellándose contra una ola espesa en la parte inferior. Eso propició que un muro de agua se derramara como una cascada sobre la cabeza de Gabriel cuando la balsa se lanzó hacia adelante y pasó el torrente.

—¡Sí! ¡Sí! ¡Sí! —Gabriel rugió un grito de victoria mientras se limpiaba el agua de los ojos—. ¡Increíble!

—¡Te lo dije, amigo! Sabía que te encantaría. —Jacob sonreía de oreja a oreja con el arranque de pasión de Gabriel.

Se pasaron la siguiente hora y media surcando rápidos suaves, disfrutando de la soledad de medianoche, bromeando sin parar y conociéndose el uno al otro.

—Vayamos a ese claro de allí. Es uno de mis lugares favoritos para detenerme y disfrutar del Río. —Jacob utilizó su remo como timón para guiar la balsa a través de la tranquila corriente hasta la playa.

—¿Reconoces algo?

Jacob dio al joven una linterna grande de su bolsa seca. Gabriel salió y dejó la balsa sobre la tierra de color arcilla. Encendió la luz, apuntando con el haz alrededor de la cala. Se encontró una fogata abandonada, y luego miró brevemente por encima del hombro y vio un tronco caído cerca del agua. Luego enfocó con la luz de la linterna el agua, iluminando una gran roca en medio del río.

—¡Eh! Conozco este lugar. Esa roca fue donde encontré una de mis canicas.

—¿Una canica?

—Es una larga historia. Te la contaré más tarde.

—Bueno. Oye, ¿no te parece esto un lugar fantástico? Me encanta venir a «la playa», como la llamamos nosotros.

Es un gran lugar para frenar la velocidad y detenerse, estar en el Río. Ya no lo hago tan a menudo como debería. —Jacob respiró hondo y suspiró.

Una esponjosa nube solitaria iba a la deriva lentamente hacia el este, revelando más luz lunar y alumbrando la cala. Jacob sacó un par de toallas de la bolsa seca y le dio una a Gabriel.

—Hace un poco de frío de noche cuando se está mojado.

—Para ser sincero, no me había dado cuenta. Esto es tan surrealista... —Gabriel se sentó en el tronco, secándose la cara y el cuello con la toalla. Jacob se sentó a unos pocos metros.

—¿Qué quieres decir?

—Es muy diferente de mi vida en Kansas. Es como si esto fuera parte de un sueño o algo así. Hace unos días, mi jefe se quejaba de la forma en que apilaba las cajas en el Five & Dime, y ahora estoy aquí en el Río. La diferencia es difícil de expresar con palabras. Es un mundo totalmente distinto.

—Me alegro de que te guste estar aquí.

—¿Qué más se puede pedir? Todo en el Río es impresionante.

Ambos se quedaron mirando el agua suavemente iluminada.

—No hay duda de eso. Es hermoso estar aquí. —Jacob hizo una pausa. A continuación, su tono se volvió más grave—. Sé por qué te gusta tanto esto, Gabriel.

—¿En serio?

—Sí. Creo que es algo más que la belleza del Río. Estabas destinado a estar aquí desde el principio. Kansas no fue nunca tu verdadero hogar. Tú naciste aquí. Tus raíces familiares están aquí. Fuiste hecho para el Río, Gabriel.

El silencio era ensordecedor. Gabriel se sintió profundamente conmovido por las palabras de Jacob. Hablaba deliberadamente con amabilidad y autoridad.

Jacob añadió:

—Creo que te gusta tanto el Río porque *esta* es tu casa. Yo conocí a tu familia cuando tú eras un niño. Tu abuelo era una leyenda por aquí... y tu padre también. Conocían el Río mejor que nadie. Su campamento en Corley Falls fue uno de los primeros de su clase. Nunca me olvidaré de oír hablar de sus hazañas. Eran conocidos no solo por su comprensión del Río, sino por su amor por él. John Clarke era un gran hombre, Gabriel. Veo su grandeza... le veo a él en *ti*.

Gabriel apenas podía respirar. Entre la bondad y el amor que sentía de parte de Jacob y el dolor que aún llevaba, el torrente de emoción brotó de él como un géiser. Sus ojos se llenaron de lágrimas cuando inclinó la cabeza y miró al suelo.

A través de sus labios temblorosos, se las arregló para responder.

—No tengo muchos recuerdos de él... pero son muy vívidos. Él era muy fuerte, y jugaba conmigo cada vez que podía. Me encantaba cuando me levantaba en el aire. Nunca me preocupó caer al suelo. Siempre me agarraba. No pasé mucho tiempo con él, pero le echo muchos de menos.

Jacob, que parccía estar conteniendo las lágrimas, puso su mano sobre el hombro de Gabriel.

—Lo siento mucho. Quiero que sepas que estoy aquí si necesitas algo... lo que sea. Me refiero a eso. Lo que necesites... ¿de acuerdo?

Jacob le dio un par de palmaditas y luego se secó los ojos. Su conmovedora conversación fue acompañada por un chillido fuerte que hizo eco en el cañón.

Gabriel cogió la linterna y se puso de pie.

—Conozco ese sonido. —Alumbró con el estrecho haz de luz el agua y la pared del cañón de enfrente—. ¿Dónde estás? —dijo hacia el ruido.

El grito volvió a sonar. Esta vez, Gabriel alumbró poco a poco sobre los árboles que sobresalían de la pared rocosa.

—¡Ahí estás!

Como un guardián del barranco, un halcón albino de cola roja descansaba en la rama de un árbol a solo un centenar de metros de distancia.

—¿Lo ves, Jacob? Estaba aquí cuando acampamos hace unas semanas. Me siguió todo el día cuando hice la excursión en el Río. Es como si supiera que estoy aquí o algo así.

—Es un halcón hermoso. Muy raro también. No recuerdo haber oído jamás una llamada así de noche. —Jacob dio una palmada—. ¿Qué tal si terminamos con nuestro viaje? No tenemos mucho por recorrer antes de llegar al Jeep.

—¿No es un trecho de agua muy violento el de ahí delante? —Gabriel no había olvidado lo que sucedió en su primer viaje.

—Debes estar hablando de las Widowmaker. Sí, es un tramo divertido aunque imprevisible de agua. Pero no vamos a recorrer esas cascadas de noche. Vamos a frenar antes de llegar allí.

Gabriel suspiró de alivio.

—Oye, ¿puedo enseñarte algo antes de irnos?

—Por supuesto.

Gabriel metió la mano en su bolsa seca y sacó un trozo de papel doblado por la mitad. Abrió la hoja y la sostuvo en su mano izquierda mientras la alumbraba con la linterna con la mano derecha.

—Tengo un diario de mi padre y mi abuelo que mi madre me dio. Cuenta con todo tipo de escritos sobre su tiempo en el Río. Esta mañana copié una parte de una de las entradas de mi padre, y he estado pensando mucho en ello. Con todo lo que usted dijo... bien... pensé que le gustaría leerlo.

Gabriel se acercó más a Jacob, quien fijó sus ojos en la nota arrugada y escrita a mano y leyó en voz alta:

Para mi hijo:

Gabriel, espero que algún día experimentes el Río como yo lo he hecho. Verte convertido en un guía del Río sería un sueño hecho realidad para mí. Solo tú puedes tomar esa decisión por ti mismo. Te esperan grandes aventuras. Nunca te conformes con la orilla, Gabriel. Entra hasta el fondo.

Veo valor en ti. A pesar de ser un niño de tres años, pareces dispuesto a comerte el mundo. Anhelo el día en que podamos recorrer el Río juntos. Eres mi pequeño campeón. Espero que cuando seas capaz de leer esto algún día, te des cuenta de que estás hecho para el Río.

Papá

Jacob se quedó mirando la nota por un largo tiempo.

—No tengo palabras, Gabriel. Esto es verdaderamente notable. Y pensar que tu padre pensó en escribir estas cosas... es asombroso.

—He estado leyendo el Diario sin parar desde que mi madre me lo dio. No puedo expresar lo increíble que ha sido escuchar de mi padre después de tantos años. Es como si él me estuviera enseñando el camino por el Río. Lo mejor de todo es que estoy conociendo lo mucho que me quería.

Gabriel dobló el papel y lo guardó en su bolsa.

—Gracias de nuevo por haberme traído aquí.

—Gracias a *ti*, amigo.

Era bien pasada la medianoche, sumergiéndose en las horas de la mañana.

Para Gabriel, el tiempo había pasado volando en el Río. Los dos hombres reunieron sus cosas y se embarcaron en los últimos minutos de su viaje juntos. El último kilómetro de recorrido fue dulce y pacífico, lo que les permitió reflexionar sobre su viaje.

Aquella noche de aventura y camaradería trasladó a Gabriel más cerca de su destino... más cerca del Río. Sintió como si él y Jacob hubieran formado un vínculo aparentemente inquebrantable aquella noche.

Un vínculo que sería puesto a prueba hasta el límite.

VEINTIDÓS

La sala de guerra

Habían pasado unos cuantos días desde el descenso nocturno de Gabriel con Jacob. El Campamento de Aventura Big Water se encontraba en ebullición. Los clientes iban llegando en mayor número cada día, y a Gabriel le encantaba aquella nueva temporada de su vida.

No había ninguna parte de la vida en el Río por la que no estuviera agradecido. Desde la mañana hasta la noche, aprovechaba todo lo que podía de la experiencia. Le gustaba estar cerca de Jacob, aprendiendo de un icono del rafting como él, cuya sola presencia le insuflaba vida y confianza. Además, sus conversaciones nocturnas con Ezra en la terraza eran siempre un grato final al ajetreo de los días, pero nada superaba el tiempo que pasaba con Tabitha. Sus momentos juntos nunca eran suficientes.

Debido a que ella solo estaba de visita desde el Campamento Norte, por lo general trabajaban en diferentes tareas durante todo el día, así que las comidas eran, sin duda, un punto culminante para Gabriel. Siempre se sentaban juntos, y si estaban hablando de algo interesante, coqueteaban mutuamente sin cesar.

Aquella mañana despejada en las montañas comenzó de la misma forma que las demás: con un desayuno de huevos cocidos en la sartén, salchichas, bollos y café. Era un día entre semana y no había excursionistas aquel día, por lo que Samuel le había dado a Gabriel unas cuantas horas libres para hacer lo que quisiera.

Gabriel terminó de masticar y tragar su bocado de bollos y mermelada.

—Esta comida está muy rica. ¡Es difícil dejar de comer! Está bien que tu padre me haya dado tanto trabajo. De lo contrario, ¡estaría como un globo!

Tabitha se rio entre dientes.

—No creo que tengas que preocuparte por eso. Ven aquí. —Hizo un gesto con la mano a Gabriel y luego apuntó a la barbilla—. Tienes alguna cosa por aquí. —Extendió la mano y quitó unas migas de bollo de la barba desaliñada de varios días de Gabriel.

—Gracias —dijo, cerrando ambos ojos mientras ella le quitaba las manchas de la cara.

—Mi padre y yo tenemos que regresar al Campamento Norte hoy para hacernos cargo de algunas cosas. Papá da clases de guía esta mañana, y tengo un poco de tiempo antes de irnos. ¿Quieres dar un paseo conmigo?

—Por supuesto, señorita Fielding.

Limpiaron sus platos y salieron de la zona del comedor hacia un camino trillado que rodeaba el campamento y bordeaba la orilla del Río. Tabitha se estiró y tomó la mano de Gabriel y se acurrucó a su lado. Apoyó la cabeza en su hombro mientras caminaban.

—Me gustaría quedarme aquí contigo.

—A mí también —respondió Gabriel con suavidad.

—¿Así que no hay nadie esperando en Kansas? ¿Ninguna... chica?

—¿Qué? No, no.... allí no hay ninguna muchacha para mí. —Gabriel se echó a reír nerviosamente—. La única chica que de hecho me habló en la escuela secundaria se llamaba Selma Eldridge. Selma era guapa, pero nunca me miraba a los ojos cuando hablaba y... ¡oh, podía hablar mucho! Estoy bastante seguro de que no necesitaba respirar cuando estaba contando una historia. Algo curioso en ella. Siempre olía a manteca de cacahuete. Me gusta la manteca de cacahuete y demás, pero sencillamente no funcionó.

Tabitha se echó a reír y le dio una palmada juguetona en el brazo.

—Eso no está bien. Pobre Selma. Ella solo pensaba que eras guapo.

—Lo sé... lo siento.

La pareja se detuvo, y Tabitha se puso frente a Gabriel. El agua balbuceaba sobre las piedras lisas de la corriente suave del Río mientras los árboles se balanceaban con la brisa intermitente. Tabitha miró directamente a los ojos de Gabriel.

—Bueno... puede que no haya una chica para ti en Kansas... pero sí hay una en Colorado.

Tabitha se puso de puntillas y cerró los ojos. Gabriel se inclinó hacia delante y se le unió con un beso tierno. El mundo se detuvo en aquel momento. Las manos de ella sujetando con firmeza los hombros de Gabriel, las manos de él apoyadas en la cintura de Tabitha... era oficial. Estaba enamorado y totalmente cautivado por ella. Se besaron durante varios segundos antes de que ella rompiera la conexión.

—¿Va todo bien? —Gabriel tenía miedo de haber hecho algo mal.

—Sí... sí, todo va realmente bien —sonrió Tabitha—. Solo que tengo que irme pronto... y no quiero. —Ella le dio un beso en la mejilla—. Vamos por aquí.

Sumidos en el resplandor de su encuentro, los dos pasearon por el camino que los llevaba del Río de nuevo al bosque. Oyeron el sonido de una voz solitaria hablando en la distancia.

—Ese es papá. Está calentado motores para enseñar a los novatos.

Unos pasos por delante, se encontraron con un gran espacio, parecido a un cobertizo, montado sobre pilotes para compensar el desnivel del terreno en la base de la colina. En el robusto edificio podrían caber unas cuarenta personas dispuestas como una clase. Con grandes hojas de madera contrachapada en las ventanas, que se podían subir y bajar con una cuerda y una polea, la estructura rústica era una cabaña de montaña multifuncional. En la parte delantera de la habitación había una gran pizarra y un podio pequeño artesanal. Tabitha bajó la voz cuando se acercaron al pequeño edificio desde el lado oriental.

—Papá llama a esto la sala de guerra —susurró—. Es el lugar donde da sus charlas de seguridad y las sesiones de planificación.

—¿Sala de guerra?

—Sí. Imparte clases a novatos y elabora las estrategias de «batalla», como él las llama. Quiere que cada guía esté lo más preparado posible para cualquier cosa que pueda suceder en el Río. Te lo advierto, él es muy serio con la seguridad.

Se acercaron y se sentaron en el suelo, apoyándose en el cobertizo. Se encontraban agazapados debajo de una ventana trasera abierta de par en par para que no pudieran ser vistos. La voz de Jacob se hizo clara como el cristal cuando Gabriel y Tabitha prestaron atención.

—No hay nada más increíble que recorrer el Río. Es por eso que están aquí... el Río les ha capturado. Cuando experimentan la majestuosidad y el esplendor del Río, es impresionante. Qué privilegio es disfrutar de tanta belleza, experimentar tal poder. Por lo tanto, respétenlo. Déjense intimidar por él. El Río es infinitamente mayor que cualquiera de nosotros y se merece lo mejor de nosotros.

Hubo un silencio momentáneo, y la voz de Jacob continuó, baja y firme.

—Quiero desafiarles: no solo estén en torno al Río, sino estúdienlo. Lleguen a conocerlo. Cuanto más le conozcan, más ese conocimiento encenderá su pasión, y esta inundará su día a día cuando guíen a otros. Esto es más que un trabajo, chicos... es una forma de vida. Algunos de ustedes se unirán a nosotros y, por supuesto, aprenderán todo lo relacionado con la técnica, pero nunca se sumergirán plenamente en lo que estas aguas tienen para ofrecerles. ¡Se trata del viaje, señores! El Río les enseñará cosas nuevas y emocionantes cada día.

Una pausa momentánea rompió el entusiasmo de Jacob, y decayó el ritmo y el volumen de su monólogo.

—Di muchas cosas por sentadas cuando era joven. Hice algunas cosas infantiles... cosas estúpidas. En tanto que es divertido y es una gran aventura recorrer el Río, si no prestan atención... si no trabajan juntos... si realmente no se preparan y entienden lo que está en juego, pueden suceder cosas malas. La vida y la muerte están sobre una balanza, y cuando no se respeta eso, puedes morir, así de simple. O peor aún, otro podría morir.

Gabriel no movió un músculo mientras escuchaba el apasionado discurso de Jacob. Se puso en pie lo suficiente como para mirar por encima del alféizar de la ventana trasera. De pie en las sombras, estaba fuera del campo de visión de Jacob. Tabitha se puso de puntillas para echar un vistazo también.

Había una docena de estudiantes esparcidos por la sala austera sentados en viejas sillas de madera. Estaban concentrados, pendientes de cada palabra, sin decir ni pío. Jacob deslizó su podio a un lado y se acercó a los aprendices. Se desabrochó su camisa oxford a cuadros y se la quitó, dejando su torso en forma con nada más que una camiseta interior gris. Jacob dejó la camisa sobre el podio y se giró mostrando su hombro derecho a los estudiantes. Con la mano izquierda, levantó la manga derecha sobre su hombro, dejando al descubierto la horrible cicatriz.

—¿Ven eso? Esta es Misericordia. Pongo nombre a mis cicatrices, por cierto.

Jacob esbozó una sonrisa rápida. Nadie sabía si reír o no, porque era una fea cicatriz.

Él continuó en un tono agradecido.

—Misericordia me recuerda cada día lo que podría haberme pasado a mí. Esta cicatriz ya no me duele. Es un recordatorio visible, no obstante, de una roca que me arrancó un mordisco cuando bajé en kayak por algunas cascadas *sin tener nada* de experiencia navegando. Misericordia me recuerda que merecía morir aquel día, pero por alguna razón no lo hice. Esta cicatriz es un recordatorio para estar agradecido por todo... agradecido por la vida. Misericordia también me recuerda la grandeza... pero no mi grandeza.

El padre de Tabitha miró la cicatriz de nuevo, con los ojos húmedos y rojos.

—Misericordia me recuerda la grandeza del Río... y la grandeza del hombre que perdió su vida por salvar la mía.

Un silencio escalofriante cayó sobre el cuarto. Nadie se movió mientras Jacob se ponía la camisa de nuevo. Gabriel estaba empezando a sentir un escalofrío, un atisbo de reconocimiento... pero no podía ser.

Tabitha tiró del brazo de Gabriel.

—Vámonos de aquí.

Pero Gabriel estaba clavado en el suelo. Se estremeció mientras Jacob continuó con la historia.

—Mis decisiones le costaron a un hombre su vida, y yo voy a tener que vivir con eso hasta el día en que me muera. Una familia perdió a un hijo aquel día. Un niño pequeño perdió a su padre. A decir verdad, he querido rendirme muchas veces. Estuve en un lugar oscuro durante muchos años. Pero me fue dada una segunda oportunidad, así que en lugar de darme por vencido y ser tragado por mi culpa, opté por hacer lo que yo creo que él hubiera querido que yo hiciese... dedicar mi vida al Río y a los que siguen mi camino para experimentarlo. Eso es lo que mi vida ha sido durante los últimos dieciséis años, y eso es lo que siempre será. Quiero honrar el legado de John Clarke en todas las formas posibles.

Cuando Gabriel escuchó el nombre de su padre, el tiempo se congeló. Todo quedó en silencio. Jacob siguió hablando, pero cada palabra borraba la siguiente. Con los ojos vidriosos y las manos en la cabeza, se volvió, apoyó la espalda contra el edificio y se deslizó hasta el suelo lentamente para terminar en un montón de incredulidad y confusión. Mortificado por las implicaciones de lo que acababa de escuchar, apenas podía procesar la sorprendente revelación.

—Gabriel. Gabriel. ¿Estás bien? —Tabitha lo sacudió, pero Gabriel estaba perdido en su propio mundo.

Los recuerdos de aquel día inundaron la mente de Gabriel en un instante. El hombre sin vida en el kayak... las palabras de su padre... «¡Ahora vuelvo, Gabriel!»... el estruendo de la cascada... y su papá desapareciendo bajo el torrente azul y verde. Aquellos fotogramas siguieron apareciendo en su mente. Si aquel hombre... si Jacob... no hubiera sido tan irresponsable, habrían terminado su juego de canicas... y aquel niño habría crecido con su padre.

No puedo creer que esto esté sucediendo.

Mi padre murió aquel día porque quiso salvar una vida... la vida de Jacob.

¿Y el padre de Tabitha tuvo la culpa?

—Me tengo que ir. —Gabriel se levantó, zafándose de la mano de Tabitha.

—¡Gabriel! Hablemos.

Él no podía responder.

Caminando lentamente por el sendero y atontado con la noticia, Gabriel regresó a la orilla del Río. Se sentó sobre una gran roca cubierta de musgo que se adentraba en las aguas dulces. Después de unos minutos de soledad, oyó unos pasos, pero no apartó la mirada del Río.

—Pensé que te encontraría aquí. —Tabitha se sentó a su lado sobre la roca—. Lo siento mucho, Gabriel. No deberías haberte enterado de esta manera.

—¿Por qué no me lo dijo? —Gabriel se giró hacia Tabitha y se lo repitió en un tono más agresivo—. ¿Por qué no me lo *dijiste*?

—Mi padre quería. Solo estaba esperando el momento adecuado. Todos estos años se ha estado haciendo preguntas sobre ti.

—Todo lo que dijo, eso de querer estar allí para mí... ¿va de esto? ¿Está tratando de sentirse mejor por lo que *él* hizo? No puedo creerlo.

—No es así. Tienes que creerme.

Tabitha se inclinó para darle un abrazo, pero Gabriel la rechazó.

—Bien, ¿de *qué* va entonces? Resulta que el hombre que yo estaba realmente comenzando a admirar es un hombre que tomó decisiones muy malas, y que esas elecciones terminaron costándole la vida a mi padre... ¡su vida, Tabitha!

Tabitha respondió a través de sus lágrimas.

—Él lo siente. De verdad que lo siente. Ya le has oído. Quiere honrar a tu padre. Él quiere honrarte. Nadie puede traer a tu padre de vuelta, pero podemos honrar su legado por cómo seguimos adelante.

—Por favor, no me hables de seguir adelante.

—No es lo que yo quería...

Gabriel la interrumpió.

—Ahora mismo no puedo seguir con esto, Tabitha. Lo siento. —Exhausto, Gabriel dejó a Tabitha en la roca y se retiró a su habitación.

Después de que la clase de Jacob hubo terminado, este se dirigió a la oficina. Tabitha corrió por el camino y le interceptó justo antes de llegar allí. Sofocada y frenética, ella lo detuvo en seco.

—Papá, Gabriel y yo estábamos caminando y acabamos sentándonos fuera de la sala de guerra. Gabriel te oyó hablar de la cicatriz y de John Clarke. —Empezó a llorar, frotándose con la palma la frente—. Está muy enfadado, papá. No sé qué hacer.

—¿Dónde está?

—No lo sé. Puede que en su habitación.

Jacob no dijo nada más. Se dirigió directamente por el camino, a través de los bosques, hacia la cabaña de Ezra y Gabriel. Subió los escalones de la terraza y los llamó.

—¿Gabriel? —Esperó. A continuación, habló un poco más fuerte—. ¿Gabriel? —La puerta se abrió lentamente, a medias.

—¿Sí?

—Creo que tenemos que hablar.

—No tengo nada que decir, Jacob.

—¿Te sentarías conmigo un segundo?

Gabriel salió en silencio a la terraza y se apoyó contra la barandilla. Su rostro era severo y se mostraba distante.

—Solo puedo imaginar lo difícil que es para ti, lo digo en serio. Solo puedo imaginarlo. Por favor, solo escúchame, Gabriel. —El silencio de Gabriel parecía darle permiso—. He estado esperando el momento adecuado para hablar contigo acerca de todo esto, pero francamente, estaba asustado. Ya ves, me he preguntado acerca de ti todos estos años. No puedo decirte cuán profundamente siento todo lo que pasó. No hay un día que pase que no piense en lo que sucedió aquel día... o que no piense en ti. He estado pagando por mis acciones durante años. Haría cualquier cosa por arreglarlo, si pudiera. —Los labios de Jacob temblaron—. Solo espero que puedas perdonarme, Gabriel. Por favor, perdóname. —Se sorbió la nariz y se secó los ojos. Gabriel no amagó ni una respuesta.

Jacob rompió el silencio.

—Tengo que regresar al Campamento Norte con Tabitha en unos minutos. Me encantaría que te unieras a nosotros. Nos daría un poco más de tiempo juntos. Tengo algunas cosas que quiero enseñarte allí.

—No creo que esté listo para eso, Jacob. Estoy seguro de que mi madre me echa de menos ahora. Tengo que regresar a Kansas y ver cómo están ella y la granja.

—Gabriel, por favor... no te vayas. Esta es tu casa.

—Con el debido respeto, no estoy seguro de que en casa uno se sienta así.

Gabriel regresó a su habitación. Jacob se fue y encontró a Tabitha. Se despidieron del equipo y cargaron su equipo en el Jeep. Jacob se sentó en el asiento del conductor con el motor en marcha, pero de repente Tabitha saltó.

—Vuelvo enseguida, papá. —La vio salir corriendo.

Gabriel cogió la ropa de la cómoda de un puñado y la metió en una bolsa de lona. Oyó un golpe en la puerta, y entonces esta se abrió con un chirrido.

—Gabriel... ¿estás aquí?

Miró a Tabitha, pero permaneció en silencio.

—¿No vienes con nosotros?

—No.

—No te vas para siempre, ¿verdad?

—Me voy. No sé por cuánto tiempo.

Se acercó a él y le tomó las manos.

—Por favor, no te vayas. Necesitamos más tiempo... más tiempo juntos.

—No puedo quedarme. Tengo que arreglar esto.

—¡Arréglalo conmigo! —suplicó ella.

—No creo que funcione.

—¿Vas a volver pronto?

Gabriel la miró a los ojos inexpresivamente.

—No lo sé.

—Entonces, adiós, Gabriel. —Los ojos de Tabitha se llenaron de lágrimas cuando ella le envió un beso.

—Adiós.

VEINTITRÉS

Regreso al hogar

GABRIEL TOMÓ UN DESCANSO EN EL EMPACADO DE SUS COSAS en la desordenada habitación de la cabaña y se sentó en el borde de su cama.

Solo.

Su verano en el Río había comenzado con una promesa. Era el descubrimiento de quién podría llegar a ser, de su propósito en la vida. Estaba empezando a estar a gusto y a encontrar su camino. La belleza del Río, la camaradería de los nuevos amigos, la tutela de Jacob y el amor de Tabitha eran insuperables.

Ahora estaba envuelto en una densa niebla de dolor, pena y resentimiento.

¿Qué hacer a continuación? No quería volver a Kansas, pero era demasiado difícil quedarse. Las paredes de su alma le asfixiaban.

Un resquicio de luz atravesaba una rendija en las cortinas cerradas... la única luz que iluminaba de la habitación. En la sombra, podía sentir cómo la tristeza se le acercaba, igual que cuando era un niño. De vuelta a la escuela primaria, sus «días difíciles» se agarrarían a sus emociones y le succionarían como arenas movedizas. Los pensamientos aterradores no lo soltarían hasta que le hubieran hundido.

Por el rabillo del ojo, vio el Diario en su mesita de noche. Cogió el volumen y lo hojeó, pensando que tal vez hubiera algo allí que le aportara orientación y claridad a su alma atormentada. Una página al azar le llamó la atención, así que empezó a leer una entrada de su padre:

Hoy me he sentido ridículo y estúpido. No entiendo a Maggie en absoluto. Y estoy cansado de tratar con clientes que son groseros y no respetan el Río. Hay días en que solo quiero dejarlo. La vida no debería ser tan difícil... ¿o debería serlo? ¿De dónde saqué la idea de que mi vida debería ser diferente a la de los demás? No lo sé. Supongo que mi viejo tenía razón. Una vida fácil está sobrevalorada y es aburrida.

Así que, ¿qué estoy tratando de decir?

Nunca tomes decisiones importantes en un mal día.

Gabriel cerró el Diario y contempló la atemporalidad de la entrada de su padre. Estaba tomando una gran decisión en lo que se había convertido en un muy mal día.

Minutos después, salió a la terraza y se sentó en una de las mecedoras frente al Río. Nada había cambiado desde que Tabitha se había ido: la tarde permanecía alumbrada por un cielo azul soleado, el agua en rápido movimiento brillaba a medida que fluía y una cálida brisa jugaba con los árboles como dedos a través de campanas de viento.

Pasaron solo unos minutos hasta que un olor a tabaco de pipa llegó con una de las suaves ráfagas. Unos momentos más tarde apareció Ezra, deambulando por las escaleras, la pipa apretada entre los dientes. En cada mano llevaba una taza de metal de gran tamaño.

—He traído algo para ti. ¿Te gusta la malta?

—Claro. —El estado de ánimo de Gabriel se aligeró.

—No hay nada como una malta chocolateada en una tarde calurosa de verano. —Ezra le tendió a Gabriel una de las tazas de estaño mientras se dejaba caer en la mecedora al lado de Gabriel.

—Gracias. —Gabriel tomó un sorbo.

—No hay de qué, colega. —Ezra se relamió los labios—. Ahhhhhh... —suspiró—. Mmmm, esto está bueno.

—Lo está. ¿Qué has puesto dentro? Siempre pones algún ingrediente secreto.

—Un poco de chocolate, un poco malta en polvo, helado y leche... y algo que no puedo decirte.

Ambos se rieron y disfrutaron de su tentación de chocolate y de la pintoresca vista desde la terraza. En lugar de una conversación intrascendental, sin embargo, Ezra hizo una pregunta directa que sorprendió a Gabriel con la guardia baja.

—Así que vas a ir al Campamento Norte a ver a Jacob y Tabitha, ¿eh?

Gabriel se preguntó cómo lo sabía.

—Me enteré de algunas cosas hoy, Ezra... algunas cosas acerca de Jacob y Tabitha. No estoy seguro de qué hacer con ello.

—Lo sé. Pero creo que deberías ir, hijo.

—Quiero acabar ya con todo esto, realmente lo quiero, pero en lo único que puedo pensar es... ¡que él es el hombre! Él es con quien he estado furioso todos estos años. He pasado todo este tiempo con él y no me lo dijo.

Ezra se detuvo por unos segundos.

—Yo solo puedo imaginarme lo que debe pasarte por la cabeza ahora mismo.

Gabriel no dijo nada. Ezra no le haría hablar.

—¿Ves esa piedra grande que hay allí? —Ezra señaló una gran roca cubierta de musgo en medio del río.

Gabriel asintió con la cabeza.

—Hace unos años me desperté una mañana y ahí estaba esa roca. Debió de haber caído de la ladera de la montaña durante la noche. Es curioso cómo el paso del tiempo ha hecho que la roca se haya convertido en un hermoso añadido a la escena. Eso se debe a que el Río nunca dejó de moverse. De hecho, con el tiempo las aguas convirtieron la roca en su propia obra de arte, suavizando las asperezas, fluyendo alrededor y sobre ella. Es casi como si el Río estuviera mostrando la roca como un trofeo o algo así.

Ezra se detuvo un momento y luego continuó.

—Para mí se parece un poco a la vida. Las rocas caen, y no podemos pararlas ni verlas venir. Nosotros seguimos fluyendo... en movimiento... viviendo... y de alguna manera, esas experiencias se convierten en las cosas que crean el hermoso paisaje de la vida. Todo depende de cómo se mire.

Gabriel tomó otro sorbo de su malta.

—¿Cómo es que ves la vida de esa manera, Ezra?

—El tiempo. Tengo más tiempo en mi haber. Soy viejo, hijo.

Los dos se rieron de su respuesta. Ezra cambió la conversación hacia el centro de la cuestión.

—Él se preocupa mucho por ti, Gabriel. Si pudiera volver de nuevo una y mil veces, lo haría. Pero, ¿sabes qué?

—¿Qué?

—Si no hubiera sido Jacob, hubiera sido otra persona. Tu padre no sabía que no iba a volver a salir de esas aguas. Solo sabía que si él no iba, un hombre moriría. Eso es lo que tu padre era. Verás, no se trata de Jacob, muchacho. Tu padre no perdió la vida a causa de Jacob... él la *dio*. Hay una gran diferencia. Lo que te atrajo de Jacob en primer lugar fue el hombre que *es*, no el hombre que era. ¿Y de Tabitha? Chico, es mejor que no la dejes escapar... ¡porque ella es la princesa del cañón!

Gabriel se relajó. Ezra, como de costumbre, estaba hablando con sentido común.

—Tal vez —continuó Ezra—, en lugar de mirar a Jacob como un recordatorio de lo que sucedió en el pasado, deja que sea un recordatorio del gran hombre que fue tu padre. Jacob Fielding es una prueba viviente del sacrificio desinteresado de tu padre, y bueno, si no hubiera habido Jacob... no habría Tabitha. Tenemos que recordar que el Río nos reunió a todos, y *eso* es algo por lo que estar agradecidos.

Ezra levantó su taza de malta hacia Gabriel para hacer un brindis. Gabriel sonrió cuando hicieron chocar sus tazas.

—¿Ezra?

—¿Sí, señor?

—Gracias. Tengo mucho trabajo.

—Poco a poco, hijo.

Ezra se quitó el sombrero mientras se ponía en pie para irse.

—Bueno, será mejor que vuelva al trabajo. —El sabio viejo se subió los pantalones y comenzó a bajar los escalones. Cuando llegó a la parte inferior, se giró sobre su hombro—. Oh, Gabriel. Cuando regreses, jugaremos a ese juego de canicas del que hemos estado hablando. Prometo que te dejaré ganar. —Ezra mostró su sonrisa contagiosa.

—Vale, colega. Vale.

No le llevó mucho tiempo terminar de empacar sus cosas. Sabía lo que tenía que hacer. Cargó sus bolsas de lona en la camioneta y luego se dirigió a la cocina, donde asomó la cabeza por la puerta de tela metálica. Encontró a Ezra cortando verduras en una tabla de carnicero de gran tamaño.

—Te veré más tarde, Ezra. Me dirijo al Campamento Norte.

—Eso suena bien, joven. Aquello de allí es para ti. —Ezra señaló una bolsa de papel marrón sobre el mostrador. Gabriel la abrió y se encontró un pedazo de papel doblado con algo escrito a mano y un sándwich de pavo envuelto en papel de estraza. Había una lata de refresco en el fondo de la bolsa.

—¡Gracias, Ezra! Ya sabes lo mucho que me gustan tus sándwiches.

—Lechuga, pepinillos y mayonesa light, ¿no?

—Perfecto.

—Ah, y no pierdas ese papel. Tiene instrucciones para llegar al Campamento Norte.

—¡Eres el mejor, Ezra!

—Lo sé, lo sé. Ahora sal de aquí.

Ezra sonrió cuando Gabriel se despidió. A paso ligero y con una bolsa de comida en la mano, salió corriendo por la puerta. Mientras su camioneta retumbaba por el camino de grava y salía a la carretera, Gabriel empezó a sentir aligerarse la pesada carga emocional que había llevado durante todos aquellos años.

Su viaje a la libertad había comenzado. No estaba seguro de lo que vendría a continuación, pero estaba dispuesto a iniciar el viaje. No podía llegar lo suficientemente pronto al Campamento Norte.

Dos horas de sinuoso recorrido a través de las impresionantes carreteras del cañón le dieron a Gabriel tiempo para reflexionar. Con las ventanas abiertas y el aire de la montaña entrando a ráfagas, soñaba despierto todo lo que había ocurrido desde el día en que recibió la llamada de Jimmy. El viaje por carretera con Cig, Rollie y la pandilla; la acampada en la playa; escuchar al Río hablar con él en sus sueños; la primera vez que se miraron a los ojos él y Tabitha; y la primera vez que recorrió los rápidos. De un niño asustado en Cairo, Kansas, que tenía miedo de su propia sombra, a un joven rebosante por las promesas de amor y aventura, Gabriel Clarke fue cobrando vida.

Su corazón se agitó a medida que se acercaba al Campamento Norte. Recuperó las instrucciones garabateadas del asiento raído y les echó otro vistazo.

En el cruce principal (solo hay uno) de CF, gire a la izquierda y siga las indicaciones.

Gabriel miró hacia la carretera y vio un pequeño letrero brillando bajo el sol de la tarde.

Bienvenidos a Corley Falls, Población: 768

Su corazón dio un vuelco. No había vuelto a Corley Falls desde que se mudó a Kansas quince años atrás. Recordaba vagamente la calle principal. La gasolinera de dos surtidores a la derecha, una sucursal bancaria, un par de pequeños restaurantes... todo le parecía extrañamente familiar.

Gabriel desaceleró cuando pasó por delante de lo que él creía fue su antiguo hogar. ¡El bungalow de dos habitaciones se veía tan pequeño! Giró a la izquierda en la única señal de stop del centro de la ciudad, luego condujo unos cientos de metros y vio el gran cartel pintado en el lado derecho de la carretera de un solo carril:

Campamento de Aventura Big Water de John:
Campamento Norte

El nombre de su padre en el cartel llevó a Gabriel al borde de las lágrimas. Giró a la derecha en la propiedad y se deslizó por una pendiente regular hasta la zona de estacionamiento de grava. Decenas de navegantes, que habían finalizado su jornada en el Río, se metían en sus coches y salían al tiempo que él entraba.

Gabriel estacionó tan rápido como pudo y caminó hacia un edificio rústico donde el letrero de madera del exterior decía «Oficina principal». Abrió la puerta con tela metálica y quedó sorprendido por la escena. Fotos, recortes de periódicos y objetos de interés se alineaban en las paredes de la sala de espera. Cuando se acercó para observarlas, muchas de las cosas que vio eran fotos de su padre y de su abuelo. Artículos descoloridos de la inauguración en 1946, fotos de los primeros navegantes de Big Water y decenas de imágenes de clientes, muchos de ellos con un radiante John Clarke, llenaban la pared de la izquierda de la oficina. Sus sonrisas transformadoras contaban la historia de sus trascendentales experiencias en el Río.

—¡Gabriel!

Tabitha salió corriendo del mostrador y saltó a sus brazos, presionando su cara contra su hombro. A Gabriel le pareció que ella se aferraba como si le fuera la vida en ello.

—¡Estoy tan contenta de que estés aquí! —exclamó ella.

—Yo también. Yo también. —Él la estrechó de nuevo.

—Eh...

Gabriel la puso frente a sí y la agarró por los hombros.

—Siento mucho la forma en que actué.

—Está bien.

—No... no lo está. Fui un idiota. Todo sucedió tan rápido... Tu padre y todo lo demás... No sé cómo se supone que deben ir las cosas ahora. Tengo que solucionar algunos temas, pero sé que ya no puedo dejarlo. Tengo muchas ganas de estar aquí... contigo.

Tabitha lo abrazó de nuevo.

—Sabes que siento lo mismo por ti.

El alivio cayó como una cascada por los hombros de Gabriel. Tabitha lo había aceptado en sus mejores y en sus peores momentos. Ella era una joya.

—¿A que son increíbles estas fotografías? Mira esta de aquí. —Tabitha lo llevó a la pared y señaló un recorte de periódico desgastado. Gabriel se acercó más y entrecerró los ojos para ver la imagen más pequeña. Allí estaba John Clarke, de pie delante del refugio con la mano sobre la cabeza de un rubio muchacho de cinco años de edad.

—¡Ese soy yo!

—¿Ves esa mirada en tu cara? Al crecer, yo siempre quise conocer a ese chico. ¿Sabes por qué? Porque yo veía aventura en sus ojos... y porque era muy guapo.

—Creo que me acuerdo de ese día. Recuerdo que mi padre decía algo sobre sonreír para el periódico y que yo iba a ser famoso.

Tabitha le tomó las dos manos entre las suyas.

—Gabriel, este era el campamento de tu familia. Mi padre lo compró después de enterarse de que las instalaciones de rafting estaban en ejecución hipotecaria. Mantuvo el nombre de «Campamento de Aventura Big Water de John» como un homenaje al legado de tu padre.

—Estoy sorprendido. No sé qué decir. Cuando vi el letrero en la entrada, se me puso la carne de gallina.

—Por eso quería tanto que vinieses al Campamento Norte. Tenías que verlo por ti mismo.

—Tenías razón. Es increíble.

Se produjo una pausa incómoda.

—No has visto las instalaciones, ¿verdad? —preguntó Tabitha.

—No, solo llevo aquí unos minutos.

—Genial. Quiero mostrarte esto.

—Me gustaría.

Caminaron detrás del mostrador y salieron por la puerta de atrás. Cuando Gabriel y Tabitha llegaron a la parte inferior de los cuatro escalones de madera, alzaron la vista... y ahí estaba Jacob, de pie a pocos metros de distancia.

El padre de Tabitha se detuvo en seco, y una leve e interrogadora sonrisa surgió en su rostro.

—Estoy muy contento de que hayas venido —dijo Jacob con ternura.

—Gracias.

—Solo puedo imaginar lo difícil que esto es para ti, hijo.

La actitud de Gabriel se suavizó aún más con la elección de palabras de Jacob.

—Ezra me ayudó a ver algunas cosas...

—Ezra es un hombre sabio. He estado escuchándole desde que era un muchacho. Gabriel... lo siento mucho. Espero que algún día puedas perdonarme. No estoy seguro de qué pasará a partir de hoy, pero... Bueno, estoy muy contento de que hayas venido.

Se acercó a Gabriel. Sus penetrantes ojos azules estaban enrojecidos de pena.

Pasaron unos segundos.

Gabriel levantó la cabeza.

—Tampoco yo estoy seguro de qué pasará a partir de hoy. Tengo un montón de preguntas, ¿sabes? Pero estoy listo. Quiero...

Gabriel se derrumbó y enterró su rostro entre las manos. Tabitha se inclinó y lo abrazó.

Después de recomponerse, miró a Jacob, que también se secaba los ojos.

—Me parece bien también —dijo Jacob.

No se pronunciaron más palabras en aquel momento, pues no eran necesarias. Su conexión era real y palpable.

Jacob le hizo un gesto a Gabriel para que lo siguiera.

—He estado esperando a mostrarte algo.

Tabitha se excusó.

—Alguien tiene que cubrir la recepción. Me pondré al día con ustedes más tarde. —Tabitha dio unas palmaditas a Gabriel y se dirigió al edificio principal.

Jacob puso su mano sobre el hombro de Gabriel y se lo apretó mientras caminaban.

—El Campamento Norte de Corley Falls es un lugar especial, Gabriel. Desde que lo compré, he trabajado mucho en él y he hecho un montón de mejoras y tal, pero hay un lugar que apenas he arreglado. Pensé que tal vez tuvieras algunas ideas de qué hacer con él.

Gabriel se preguntó a qué se refería.

Los dos hombres caminaron por un camino lleno de baches que los condujo a la parte trasera de la cabaña que daba al Río. Una habitación, que parecía ser un añadido, sobresalía de la parte posterior con ventanas en tres de los lados. Jacob se adelantó y le abrió la puerta a Gabriel, que entró en primer lugar. Jacob le siguió y rápidamente abrió las persianas para dejar entrar la luz.

La boca de Gabriel se abrió con asombro.

—Esto es...

—Sí... es la antigua oficina de tu padre.

Austeros y escasos, los pocos artículos que se encontraban alrededor de la antigua sala eran tesoros de incalculable valor. Delante de la ventana que daba al Río había un escritorio de madera rústica con una silla de oficina también de sólida madera. Unos bolígrafos en una taza, un teléfono de disco y un gran frasco de vidrio con canicas descansaban sobre el escritorio. A la izquierda, colgando de un gancho había un chaleco salvavidas naranja viejo y descolorido, un remo y un casco blanco deslucido con las letras escritas a mano «CLARKE» en la parte posterior.

En el suelo, vio un par de botas de excursionismo viejas, sucias y gastadas. Una de las paredes contenía una pequeña pizarra con unas pocas marcas ilegibles. Una foto solitaria en tonos sepia estaba clavada en un tablón de anuncios pequeño al otro lado de la habitación. La vieja foto mostraba a John de pie con el agua hasta las rodillas en el Río, justo en el exterior de la cabaña, levantando a su hijo pequeño. Gabriel se sentó en la silla del escritorio y apoyó los antebrazos en la mesa.

Después de unos momentos de silencio, Jacob tomó la palabra.

—Todas estas cosas estaban aquí cuando compré el lugar. Me gusta venir aquí cuando tengo que pensar.

Gabriel pasó sus manos sobre el escritorio. Sintió los arañazos y las muescas de años de uso. Sus ojos fueron atraídos por lo que sintió en su mano izquierda, las letras «MAGGIE» talladas en diagonal en la esquina inferior izquierda. Trató desesperadamente de mantener la compostura.

Gabriel se sintió totalmente conectado con su padre en aquel momento. Se imaginó a su padre sentado allí, hablando con él, planificando su próximo viaje. Vio recuerdos fragmentados de sí entrando en aquella oficina, pidiéndole a su papá que jugara a las canicas o que le llevara de acampada.

Jacob se acercó a la ventana y tiró de las persianas hasta arriba. Se reveló una vista perfecta del Río. Se volvió y miró a Gabriel.

—Es tuya si la quieres.

Gabriel le miró con una ceja intrigada y una sonrisa oculta.

—Esta oficina. Es tuya. Quiero que vengas y te quedes aquí, Gabriel. Necesito mucha ayuda en el campamento, y tú eres el hombre perfecto para el trabajo. Tengo una cabaña para ti, todos los gastos pagados y un buen salario. Corley Falls es tu hogar. A su debido tiempo, podrías dirigir el lugar. Iría bien tener a un Clarke al frente del Campamento Norte. Pero por ahora, vente a trabajar con nosotros. Yo te formaré personalmente y te mostraré todo lo que sé. Serás un gran guía... el mejor... igual que tu padre.

Gabriel se quedó atónito.

Jacob sonrió.

—¿Qué dices?

Los ojos de Gabriel rebosaban de lágrimas. Mordiéndose el labio, tratando desesperadamente de mantener el control y de contener su emoción, siguió asintiendo con la cabeza. Empujó la silla hacia atrás, se puso de pie y se abalanzó a los brazos de Jacob.

—Trato hecho.

—Es una maravillosa noticia, muchacho.

—Estoy en casa, Jacob. Fui *hecho* para el Río.

Epílogo

—Señoras y señores, estamos a punto de comenzar el *embarque del vuelo 723 con destino a Nashville. Les agradecemos encarecidamente su paciencia.*

Aquello fue lo único que escuché del distorsionado anuncio de intercomunicación emitido por el agente de tráfico justo enfrente del terminal.

—Ese soy yo —le dije a Gabriel.

—Encantado de conocer*le*, amigo. —El aventurero robusto de cincuenta y tantos años extendió su brazo.

Su mano callosa se encontró con la mía.

—Encantado de conocerle. Y gracias por compartir su historia.

Nos separamos de nuestro apretón de manos y él me miró intensamente.

—Es importante hacer esto, ya sabe... compartir tu historia. Recuerde: todo el mundo tiene una historia.

—Me gustaría tener tiempo para más. —Me colgué la mochila sobre el hombro.

—Voy a ofrecerle un trato. Venga y recorra el Río conmigo alguna vez. Estoy hablando de los rápidos. Si lo hace... le contaré el resto. —El amante de la naturaleza esbozó una sonrisa audaz.

—¡Trato hecho!

Me despedí, me dirigí a la puerta y bajé la pasarela.

Las horas que pasaron parecieron minutos. Yo estaba emocionado por regresar a casa, pero mi alma quería escuchar más. La historia de Gabriel, de cómo se despidió de Cairo, Kansas, aquel verano de 1971 y se embarcó en un camino de mimetización con el Río, conmovió mi corazón.

Aquella noche, en el vuelo de regreso, hice un balance de mi vida. Pensé en la bendición que eran mi esposa y mis hijos, y en cómo nunca jamás quería subestimarlos. Pensé en cuánto tiempo me pasaba preocupándome por subir la escalera corporativa, persiguiendo las pequeñas cosas... poder, dinero, notoriedad.

Cansado de compararme con otras personas y de conformarme con los «llanos» de la vida, pensé en cómo yo, también, estaba hecho para algo más. Yo también fui hecho para el «Río». Pensé en la gente a la que tenía que perdonar y en la gente a la que yo necesitaba pedirle que me perdonase.

Pronuncié algunas oraciones aquella noche en el vuelo 723. El viaje de Gabriel me hizo recordar que todos somos parte de una historia mucho más grande. Su pasión por el Río era innegable y contagiosa. Yo no quería quedarme sentado en el banquillo por más tiempo. Yo quería participar... enteramente. Quería recorrer los «rápidos» ahora.

Como ves, Gabriel lo hizo de verdad, algo que muy pocos son capaces de hacer. Se unió a las filas de aquellos que se atreven a dejar la seguridad de lo que siempre han conocido por un lugar mejor... un lugar al que estaban destinados desde el principio. Liberado de las cadenas del miedo, el dolor y el resentimiento, Gabriel se adueñó no de quién era, sino de en quién iba a convertirse.

Para siempre capturado por el Río,

era un hombre nuevo,

libre para vivir la aventura,

amar con abandono

y ser amado.

Nunca más sería el mismo.

El mundo... nunca más sería el mismo.

Guía de discusión

1. John Clarke dice muchas veces: «Nosotros los Clarke, fuimos creados para el Río». Más tarde, Jacob le dice a Gabriel: «Fuiste hecho para el Río». ¿Qué significa estar hecho para el Río? ¿En qué formas fuiste *tú* hecho para el Río? ¿Cómo cambia esa perspectiva tu enfoque de la vida?

2. Gabriel combatió el miedo y la ansiedad a lo largo de su vida. Sus miedos se dispararon cuando Jimmy y los muchachos partieron para saltar «los acantilados» y Gabriel no pudo reunir el valor para unirse a ellos, por lo que se enfureció consigo mismo por no ir. ¿Puedes recordar algún momento cuando tuviste miedo de algo y a la vez te enfadaste contigo mismo por estar asustado? ¿Cómo lo superaste? ¿Crees que los temores de Gabriel estaban justificados?

3. El halcón albino de cola roja aparece en diversos momentos clave a lo largo de la historia. ¿Qué crees que significa este pájaro?

4. Finalmente Gabriel expresa su ira contra el Río por llevarse a su padre gritando «¡Tú lo hiciste!». ¿De qué modo este

momento cambió las cosas para Gabriel? ¿Alguna vez has sentido una ira creciente dentro de ti que ni siquiera sabías que cargabas? ¿Has experimentado épocas en tu vida en las que has tenido que afrontar tu rabia antes de poder avanzar?

5. Gabriel experimenta la subida del Río, sumergiéndole y transportándole. Oye una voz que dice: «Siempre he estado contigo», y en medio de todo esto, Gabriel se da cuenta de la verdad sobre la muerte de su padre, de que John no abandonó a Gabriel intencionadamente. ¿Quién crees que es el que habla con Gabriel en este momento? ¿Has tenido alguna vez una experiencia mística como esta que te llevara a un nuevo entendimiento o a un profundo cambio?

6. Tabitha le dice a Gabriel: «No puedes conocer plenamente el Río desde la orilla, Gabriel. Tienes que meterte dentro... completamente». ¿Cómo se aplica esta sabiduría a tu vida? ¿Puedes recordar algún momento cuando estabas en la «orilla» y necesitabas el valor para meterte? ¿Qué sucedió y cómo te cambió eso?

7. La primera vez que Gabriel recorrió el Río se enfrentó a miedos importantes y finalmente se sintió «vivo». ¿De qué manera superar el miedo te hace sentir más vivo? ¿Cómo cambia tu punto de vista sobre la vida?

8. Tabitha le dice a Gabriel: «La mayoría de las personas no se toman el tiempo para *ver* realmente lo que hay a su alrededor». ¿Alguna vez has sido culpable de esto? ¿Cómo puedes asegurarte de estar «viendo» lo que te rodea? ¿Cuál es la consecuencia si no lo haces?

9. Gabriel regresó a Cairo después de su primer viaje al Río, y se dio cuenta de lo mucho que odiaba su trabajo sin futuro. El Río le había descubierto un nuevo mundo, pero aún «algo

le impedía dar aquel paso de fe». ¿Por qué dudó Gabriel a la hora de dejar Cairo y unirse a Tabitha en el Río? ¿Qué le retenía? ¿Puedes identificarte con ello?

10. Ezra es el anciano sabio que ayuda a Gabriel a comprenderse a sí mismo y a su historia. ¿Hay alguien así en tu vida? ¿Cómo ha contribuido esa persona en tu crecimiento?

11. El abuelo de Gabriel escribió: «La vida no es solo sobrevivir... está designada para ser vivida». Más tarde Jacob le dice a Gabriel: «El Río es más que un lugar, Gabriel. Es una manera de vivir... de *vivir* realmente». ¿Qué significa esto para ti? ¿Cómo se vive «realmente» y en qué difiere de la simple supervivencia?

Agradecimientos

DECIR QUE NECESITÉ UNA BUENA DOSIS DE AYUDA Y DE ÁNIMO para poder llegar a la meta con *El Río* sería quedarse muy corto.

A mi esposa, Leah: Has dado cada paso de este viaje conmigo, haciendo sacrificios y exhortándome a terminar. Has vivido con todos y cada uno de los personajes y escenas al igual que yo, y te has unido a todas las emociones a lo largo del camino. Me has levantado cuando estaba en dificultades y has celebrado cada hito. Escuchando, aconsejando y alentando, sin ti este sueño no se habría convertido en realidad. Mis palabras no alcanzan para describir mi gratitud y amor por ti.

A mis preciosos hijos Micah, Maisie y Wyatt: Gracias por aguantar a su papá y soñar conmigo acerca de todas las posibilidades. Son los hijos más creativos y apasionantes que conozco. Les amo a todos en gran manera.

También les doy las gracias a todos mis amigos y colegas que subieron a la balsa y pusieron un remo en el agua conmigo.

En primer lugar a mi editor, Mike Yorkey: Tu sabiduría y experiencia, guiándome a través de este proceso, pastoreando a este nuevo autor, ha sido una auténtica bendición del cielo. Has sido misericordioso, paciente y siempre has estado listo para dar una palabra de aliento. Ya fuera moldeando una escena, desarrollando un personaje o creando un diálogo, me has ayudado a permanecer fiel a mi estilo y criterio. Este libro se ha hecho realidad gracias a tu ayuda. Tú haces que parezca fácil... ¡y no lo es! Te estaré agradecido eternamente.

A Bob y Bonnie Neale, mi mamá y papá: Gracias por todo su apoyo y ánimo... por ser unos abuelos fantásticos para nuestros pequeños... por estar siempre ahí. Les amo a ambos.

A Mom y Pop Evans: Su amor y apoyo lo han significado todo. Gracias por todas las comidas festivas y los recuerdos maravillosos y por la forma en que quieren a nuestros hijos. Les amamos.

A Kurt Beasley: Estoy muy agradecido de que nuestros caminos se cruzaran hace tantos años. Gracias por andar este camino conmigo con sabiduría y discernimiento. Tu perspicacia y firme orientación me han ayudado a seguir hasta el final.

A Chad Williams: Siempre tienes una palabra de aliento en el momento adecuado. Estoy muy agradecido de que estés con nosotros en este viaje. Tu experiencia y perspectiva siguen siendo inestimables.

A Ami McConnell, Allen Arnold, Daisy Hutton y el maravilloso equipo de Thomas Nelson: Gracias por captar la visión de esta historia y asociarse con nosotros para compartirla con el mundo. Es un sueño hecho realidad publicar con ustedes.

A Steve y Julie Helm: Steve, gracias por presionarme para hacerlo. Eres un auténtico hermano. Y Julie, gracias por ser otro par de «ojos» en el proyecto. Chicos, ustedes son como de la familia. Les amamos.

A los mejores amigos, David y Amber Loveland: Las comidas, las risas, los viajes al aeropuerto, el futón, las fiestas... Chicos, son los mejores... Compartir la vida con ustedes es un gozo más allá de las palabras.

A John y Holly Boswell: Este proyecto no sería posible sin ustedes. Gracias por su cortés hospitalidad, siempre a punto con una habitación y un paseo. Son generosos en extremo.

A Dr. Todd Mullins, Dr. Tom Mullins y Dr. John C. Maxwell: Pensar que puedo llamar mentores a hombres como ustedes es un regalo indecible. Gracias por su tiempo y por creer en mí.

A Jordan y Nicky Rubin: Su mensaje de buena salud y su misión de compartirlo ha cambiado nuestras vidas. Estamos muy agradecidos por su consejo, aliento y amistad.

A David y Marla Saunders: Muchas gracias por su generosa hospitalidad. Su hogar fue un oasis en medio de tan críticas transiciones. Es una bendición poder llamarles amigos.

A Mike Smith: Muchas gracias por tu fe y aliento. Eres un amigo valioso, y me encantan nuestros cafés.

A Rick White: Gracias por darme la oportunidad de ser creativo y llevar esta historia a su primera presentación.

A Bill Reeves: Gracias por ayudarme a ver el alcance potencial de esta historia. Tus palabras de ánimo siempre han sido oportunas.

Un gran gracias a todos los propietarios de las «oficinas» que he ocupado durante el proceso de escritura: The Good Cup, Meridee's, Puckett's en Leiper's Fork, Starbucks, la pensión Boswell y por último pero no menos importante, la única habitación libre en toda el área metropolitana de Atlanta, la habitación 225 del Econo Lodge justo en las afueras de la ciudad, donde escribí los últimos tres capítulos cuando me quedé sitiado tres días por la nieve.

Para más información sobre *El Río*, por favor visita www.theriverexperience.com.

Andy Andrews entrevista a Michael Neale acerca de *El Río*

ANDY ANDREWS: Michael, *El Río* es una historia preciosa. Cuando lo estaba leyendo, me quedé pensando en lo difícil que resulta creer ¡que este es tu primer libro! ¿Puedes contarnos cómo te inspiraste para escribir *El Río*?

MICHAEL NEALE: ¡Vaya, gracias, Andy! Eso significa mucho viniendo de ti. Me encantan los ríos. He navegado y he pescado en muchos de ellos a lo largo de los años. Un viaje en particular con mi esposa, Leah, me abrió realmente los ojos y el corazón a la historia de *El Río*. Recorríamos en balsa los hermosos cañones de Colorado cuando en un punto especialmente traicionero, en el que, debo añadir, un hombre había perecido la semana anterior, Leah cayó al agua. Desapareció bajo los rápidos. Me sentí muy impotente. Estuvo sumergida solo durante 10 o 15 segundos, pero pareció una vida entera. Ella estaba bien, apareció unos metros río abajo y terminamos nuestro recorrido. Aquel día se escribió en mi alma una experiencia verdaderamente visceral. El río dejó una impresión duradera. Empecé a escribir mis ideas en un diario a lo largo de los años. La plena inspiración fue mucho más que aquel día en el río con Leah. *El Río* y sus personajes provienen de una recopilación de experiencias de vida. Once años más tarde, finalmente tuve el valor de intentar comunicar una historia que se removía en mi corazón. La historia no me debaja. Fue casi como si la historia me eligiese. ¡Tenía que traer aquellos personajes a la vida!

AA: La frase «Fuiste hecho para el Río» es simplemente asombrosa. Las personas necesitan escucharlo, ¿verdad? Que su destino es importante.

MN: Así lo creo, Andy. Fuimos creados para mucho más de lo que a menudo nos damos cuenta. Hay una historia mayor desarrollándose. Todos tenemos un papel fundamental que llevar a cabo. ¡Es una aventura emocionante! No debemos conformarnos con lo que nos resulta familiar o seguro. No podemos dejar que el miedo a lo desconocido nos refrene. El único gozo y satisfacción verdaderos en la vida provienen de vivir hasta el final nuestro propósito y destino en la mayor historia de la vida, la cual creo que es la historia de Dios. Vivir una vida abierta de par en par, moviéndonos hacia aquel propósito con todo lo que somos, ¡es el único modo de vivir!

AA: Sé que eres escritor de canciones profesional. Ganaste un Dove, ¿cierto? ¿En qué se diferencia el arte de escribir canciones de escribir una historia?

MN: Gané un premio Dove este año por la canción de adoración «Your Great Name» [Tu gran nombre]. Fue una lección de humildad. ¿En qué se diferencia? Bueno, componer canciones es algo más pequeño en cuanto a alcance y contenido. Es como escribir uno o dos párrafos y ponerles música. Una canción puede tener un centenar de palabras, mientras que una historia puede tener entre 50,000 y 200,000. Sin duda fue una experiencia infinitamente distinta en términos de cantidad de contenido. Una canción puede llevarte unas pocas horas, incluso unos pocos días. Este libro me llevó un año entero. Componer canciones siempre formará parte de mi vida. De hecho historias y canciones, eso es lo que me interesa. Estoy aprendiendo a amar los nuevos desafíos, a conquistar nuevas montañas. Tenía miedo de escribir un libro. Parecía un proyecto demasiado grande. Sin embargo, estoy contento de no haber dejado que el miedo me impidiera hacerlo. Una vez que aprendí a dejar de intentar ver la meta desde la salida, se convirtió en una aventura ver dónde me llevaban los personajes. Solo intenté escuchar con atención y hacer el trabajo duro. ¡También busqué a algunos buenos mentores durante el camino!

AA: Al final, la curación de Gabriel tiene lugar en el mismísimo sitio donde fue herido cuando era pequeño. Es sobre el lugar, sí, pero de algún modo también es sobre la comunidad, ¿verdad? Yo soy un entusiasta del concepto de comunidad. ¿Qué piensas tú, Michael?

MN: Completamente de acuerdo. No fuimos hechos para caminar solos. Fuimos creados para hacer el camino juntos. Una vez que Gabriel probó qué era eso de pertenecer, no pudo regresar al aislamiento de Kansas. Nos necesitamos mutuamente. Amar y ser amados es la esencia de estar vivos. Me encanta el hecho de que Gabriel experimentara el Río en los sitios tranquilos, por él mismo, pero fue transformado durante el viaje con una pandilla de amigos. Cuando soy débil, necesito a otro que me ayude a seguir adelante. Cuando alguien necesita ayuda, necesito salir de mí mismo y hacer lo posible para levantar la carga. Gabriel descubrió eso y mucho más en el Río.

AA: Me gustó mucho el personaje de Ezra. De hecho, me recuerda a un personaje de uno de mis libros, Jones en *La maleta*. ¿Cuál fue el proceso de crear ese personaje? ¿Qué aporta a la historia?

MN: Definitivamente, Ezra parece ser el favorito entre muchos de mis lectores... y por una buena razón. Ezra representa la perspectiva en la vida que todos necesitamos. Ezra jamás juzgó a Gabriel; solo le amparó con buen juicio y sabiduría eternos. Su tono era firme y cariñoso. Ezra jugó un papel principal cuando Gabriel asimiló todo lo que la vida le había deparado. Ayudó a Gabriel a ver la imagen completa. Le ayudó a ver que la grandeza y la belleza nos llegan a menudo mediante nuestro quebrantamiento. Caminó junto a él la senda de la curación. Al mismo tiempo, era una fantástica conexión con la herencia de Gabriel y quien estaba destinado a ser. Estoy agradecido de haber tenido unos cuantos «Ezra» en mi vida. A algunos de ellos, les he buscado y les he pedido que me ayudaran a asimilar los giros inesperados de la vida.

AA: La descripción que haces del estado de ánimo de Gabriel cuando lidia con su pasado, en especial su «lugar oscuro», es muy impactante. ¿Cómo entiendes los «lugares oscuros» de Gabriel y cómo su relación con el Río le ayuda a supcrarlos?

MN: Las épocas oscuras en la vida son ineludibles. Son como una curva que se suponía que la vida no iba a tomar. Puede ser dolor, vergüenza, enfermedad, algo financiero, relacional o de otro tipo. Todos pasamos esas épocas... forman parte de nuestra naturaleza de personas quebrantadas viviendo en un mundo roto. La buena noticia es... que no es para siempre. La belleza y poder de esta historia no es que el Río sacara a Gabriel de las malas épocas por siempre jamás, sino que el Río le llamó y se unió a él en aquellos dolorosos lugares oscuros. A través de las personas, de las circunstancias, de sus encuentros íntimos y personales, el Río llamó a Gabriel a una nueva vida. No tuvo que quedarse prisionero de su miedo y de su dolor. Pudo empezar un camino hacia nuevos y hermosos horizontes. Una vez que probó qué era ir con el Río, Gabriel fue cambiado para siempre. Gabriel tuvo elección. Podía haberse quedado en Kansas... pero no lo hizo.

AA: Me cautivó el desarrollo de la relación entre Gabriel y Tabitha y cómo ella representa un mundo que Gabriel ni siquiera sabe que se está perdiendo. Es realmente apasionante cuando él al final descubre la conexión entre ella y su padre. ¿Qué pueden las parejas aprender de esta relación?

MN: Tabitha no es solo una parte importante para ayudar a Gabriel a conquistar sus miedos, sino que es decisiva en el andar de Gabriel a través del resentimiento y del rencor que ni él mismo sabía que cargaba. Creo que las parejas pueden aprender mucho de Gabriel y Tabitha. El amor verdadero puede sacar, y lo hará, lo mejor de nosotros. Aunque habrá problemas. Gabriel tenía muchas cosas que solucionar, y Tabitha representaba una vida aparentemente inalcanzable de libertad y amor. Lo más importante es que pueden haber sorpresas inesperadas en nuestras relaciones. Para Gabriel, fue descubrir quién era el padre de Tabitha. El único camino de regreso al hogar para Gabriel fue cruzar la senda del perdón en el Río.

AA: Espaciadas a lo largo del libro, hay diversas entradas del Diario. ¿Cómo se te ocurrió la idea de incluir pasajes del Diario de John y qué dirías que significa el Diario en el viaje de Gabriel?

MN: El Diario se convierte en el fiel compañero de Gabriel. Es su guía, su sabiduría, su conexión con su historia y una luz en el camino de su futuro como guía fluvial. Además de los mensajes directos de su padre y de su abuelo, contiene «los caminos del Río». Mi abuelo falleció hace unos años. Yo era muy próximo a él. Antes de morir, me entregó una gran libreta de espiral llena de tantos recuerdos de su vida como pudo embutir en una página. Me encantó tener aquella ventana a su vida. También estoy muy agradecido por las cartas espirituales que han sido dejadas en la Biblia para todos nosotros. En verdad es un diario, los pensamientos de Dios y Su interacción con las personas a través de la historia. Es Su historia, y me encanta que podamos extraer sus tesoros inagotables. Es nuestra conexión para relacionarnos con Él y con el destino que Él nos ha preparado.

AA: ¿Cuáles son tus aspiraciones para los lectores de *El Río*? ¿Qué esperas que se lleven de la historia de Gabriel?

MN: Es mi deseo y oración que la historia y sus personajes prendan en la gente. Y más importante, oro para que

El Río arraigue en su corazón. Quiero que la gente sepa que no están solos en su dolor y sufrimiento. Quiero que sepan que la belleza puede nacer de las cenizas del quebrantamiento. Quiero que la gente aproveche la vida con propósito y destino que les está esperando. Quiero que vivan por algo mayor que el aquí y el ahora. Quiero que experimenten todo lo que el Río les puede ofrecer.

Acerca del autor

Fotografía del autor por Nashville Photography Group

Escritor de talento, actor veterano y narrador magistral son todas ellas expresiones usadas para describir a Michael Neale. Actualmente dirige un concierto multimedia en vivo conocido como The River Experience, que sumerge a la audiencia en las imponentes imágenes de la película y una banda sonora de primera categoría. Michael reside en Palm Beach Gardens, Florida, con su esposa, Leah, y sus tres hijos Micah, Maisie y Wyatt.